Hans-Christoph Schlüter

Wir
vom Jahrgang
1993
Kindheit und Jugend

Impressum

Bildnachweis:

Umschlag:
Privatarchiv Schlüter (vorne), Privatarchiv Schlosser (hinten).

Innenteil:
Privatarchiv Schlüter: S. 4, 5 o./u., 7 o./u. l., 8, 9 o., 10 o., 11 r., 13 u., 14, 17 o./u., 18, 19 o. r./u., 20, 21 o., 22, 24 r., 25 o./u., 28, 29, 31 u., 36 u., 37, 41 o., 55, 60 u., 61, 63; picture-alliance: abaca/Mehdi Taamallah: S. 6 o., United Archives | 90061: S. 6 u., Sven Simon: S. 21 u., dpa | Giuseppe Giglia: S. 43, dpa | Barbara Gindl: S. 57; Privatarchiv Stöckermann: S. 7 u. r., 10 u., 12 o./u., 13 o., 32, 33, 44 o./u., 45, 46 l./r., 52, 53, 56, 58; Privatarchiv Schlosser: S. 9 u., 11 l., 24 l., 34; Archiv des Familien- zentrums Schatzkiste: S. 15, 16 o./u., 19 o. l., 26, 27; ullstein bild: Gabriele Fromm: S. 23, JOKER/ Paul Eckenroth: S. 30, Haun: S. 35, Eckel: S. 38, JOKER/Hartwig Lohmeyer: S. 40, ddp Nachrichten- agentur: S. 41 u., AP: S. 42, Public Address: S. 47, United Archives: S. 48, Müller-Stauffenberg: S. 49 o., Imagebroker.net: S. 49 u., 50, CARO/Insa Korth: S. 51, Wodicka: S. 62; Privatarchiv Tessa Stiebeling: S. 31 o.; KfW-Bankengruppe, Foto Rienäcker: S. 36 o.; Privatarchiv Bräuer: S. 59, 60 o.

Wir danken allen Lizenzträgern für die freundliche Abdruckgenehmigung.
In Fällen, in denen es nicht gelang, Rechtsinhaber an Abbildungen zu ermitteln,
bleiben Honoraransprüche gewahrt.

5., überarbeitete Neuauflage 2022
Alle Rechte vorbehalten, auch die des auszugsweisen
Nachdrucks und der fotomechanischen Wiedergabe.
Gestaltung und Satz: r2 | Ravenstein, Verden
Druck: Druck- und Verlagshaus Thiele & Schwarz GmbH, Kassel
Buchbinderische Verarbeitung: Buchbinderei S. R. Büge, Celle
© Wartberg-Verlag GmbH
34281 Gudensberg-Gleichen • Im Wiesental 1
Telefon: 056 03/9 30 50 • www.wartberg-verlag.de
ISBN: 978-3-8313-3093-5

Liebe **1993er!**

„Es gibt kein Alter, in dem alles so irrsinnig intensiv erlebt wird wie in der Kindheit. Wir Großen sollten uns daran erinnern, wie das war."

Astrid Lindgren

Lasst uns gemeinsam diese „irrsinnig intensive" Zeit noch einmal erleben. Ich lade alle 93er ein auf eine Reise durch die Zeit von 1993 bis 2011. Aus dem Babybett hinter das Lenkrad. Aus dem Sandkasten in die Volljährigkeit.

Nicht nur das Geburtsjahr, sondern auch große Ereignisse schaffen Gemeinsamkeiten zwischen uns: Wir haben die ersten Schritte zusammen gemacht, uns über gute Noten gefreut und waren zum ersten Mal verliebt. Wir haben die neuen Euromünzen in der Hand gehalten, sind Papst geworden und haben ein deutsches Sommermärchen erlebt.

Wir sind alle unterschiedlich, haben unterschiedliche Lebensgeschichten, Auffassungen und Meinungen. Aber so verschieden wir sind, so viel haben wir auch gemeinsam: Unsere Lieblingsbücher, unsere Lieblingsmusik, unsere Lieblingsspiele – uns verbindet vieles. Einiges davon werdet Ihr auf den folgenden Seiten lesen und noch einmal erleben. Der erste Kindergartentag, der erste Schultag, der erste Kuss, ...

Kommt mit in die ersten 18 Jahre unseres Lebens – in eine Zeit, in der viel passiert ist und in der wir immer mittendrin waren.

Hans-Christoph Schlüter

Hans-Christoph Schlüter

Und Action!

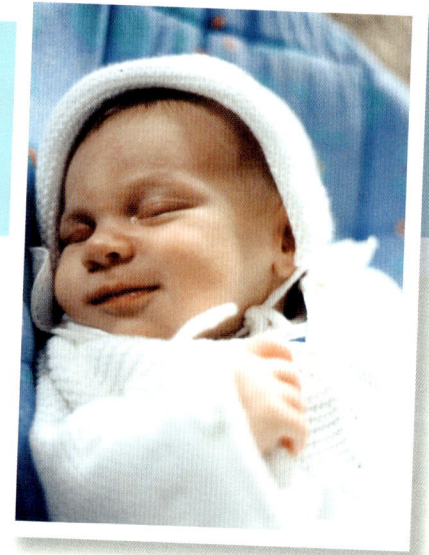

Wir sind da!

1993 – es geht los!

Während in der Welt allerhand geschah,
der „Flussregenpfeifer" zum Vogel des
Jahres wurde, die norwegische Band
„a-ha" sich auflöste und, viel wichtiger,
„Die Ärzte" ihre Wiedervereinigung feierten, erlebten unsere Eltern eins der für
sie wohl wichtigsten Ereignisse ihres Lebens – unsere Geburt!

Wir waren endlich da: Etwas völlig Neues, das in unseren Eltern bisher
ungekannte Glücksgefühle und großen Stolz auslöste. Einzigartig und von nun
an nicht mehr wegzudenken – wir standen in unserer Familie im Mittelpunkt.

Schon bei den Vorbereitungen zur Geburt hatten unsere Eltern sich alle
erdenkliche Mühe gegeben: Unsere Mutter war zum Geburtsvorbereitungskurs

Chronik

1. Juli 1993
Es werden fünfstellige Postleitzahlen eingeführt, die die bisherige Regelung („W" vor der PLZ für Westen, „O" für Osten) ablösen.

1. September 1993
Der Besitz und die Besitzverschaffung von Kinderpornografie werden strafbar.

3. Februar 1994
Die US-Raumfähre „Discovery" hebt zu einer Space-Shuttle-Mission ab, erstmalig sowohl mit amerikanischen als auch mit russischen Raumfahrern an Bord.

22. März 1994
Das Holocaust-Drama „Schindlers Liste" von Steven Spielberg wird mit sieben Oscars ausgezeichnet.

6. April 1994
Beginn des Völkermordes in Ruanda: Bis Mitte Juli sterben etwa 800 000 bis 1 000 000 Menschen.

10. Mai 1994
Mit Nelson Mandela wird zum ersten Mal ein Schwarzafrikaner Präsident Südafrikas.

13. November 1994
Wir sind Schumi: Als erster Deutscher wird Michael Schumacher mit einem Punkt Vorsprung vor seinem Konkurrenten Damon Hill Formel-1-Weltmeister.

14. November 1994
Der Eurotunnel, der von Calais in Frankreich nach Folkestone in England führt, wird für den Personenverkehr freigegeben.

1. Januar 1995
Deutschland führt die Pflegeversicherung ein. Sie ist ab sofort Pflicht und dient dazu, für die notwendige Unterstützung von Pflegebedürftigen zu sorgen.

26. März 1995
Durch das Inkrafttreten des Schengener Abkommens fallen die innereuropäischen Grenzen weitestgehend weg.

4. November 1995
Israels Premierminister Yitzhak Rabin stirbt bei einem Attentat durch einen jüdischen Extremisten.

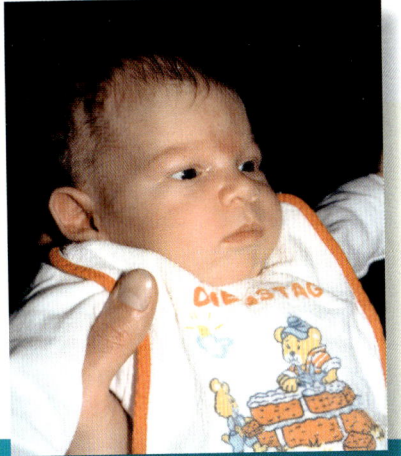

Unsere Lieblingsbeschäftigungen: Essen ...
... und Schlafen.

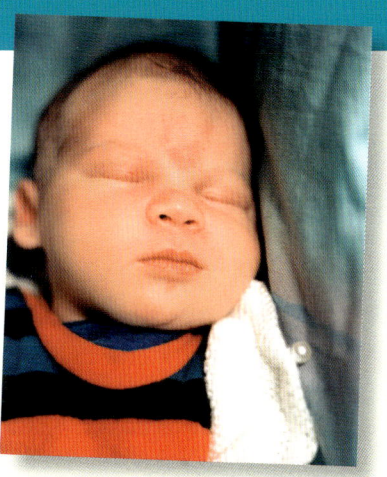

gegangen, hatte sich im Vorfeld ausgiebig mit der Geburtsklinik beschäftigt und schon wochenlang vor unserer Geburt ihre Koffer gepackt, sodass es bei Einsetzen der Wehen möglichst schnell losgehen könnte.

Für unsere nötige Ausrüstung war ebenfalls schon lange vor dem Geburtstermin gesorgt worden: Neben einem Kinderwagen standen ein Bettchen oder eine Wiege, eine Wippe für tagsüber, ein Autositz, Flaschen und Strampler bereit – Wohnung und Equipment waren kindgerecht und warteten auf die Benutzung.

Kurzum: In den ersten Tagen und Wochen unseres Lebens drehte sich alles nur um uns. Später würden Mama und Papa Sätze sagen wie „Dafür haben wir dich nicht nächtelang gefüttert und schreiend durch die Wohnung getragen", wenn wir wieder mal etwas angestellt hatten. Aber am Ende waren sie nun mal selbst schuld und jetzt hatten sie den Salat – wir waren da: schreiend, hungrig und meist schlafend, zumindest vorerst.

Unsere prominenten Altersgenossen

*11. Januar – **Dorian Brunz**, deutscher Schauspieler (u. a. Hauptrolle in „Schloss Einstein")*

*21. Januar – **Wincent Weiss**, deutscher Sänger*

*17. Februar – **Marc Márquez**, spanischer Motorradrennfahrer, der bereits fünf Grand-Prix-Siege feierte*

*15. März – **Paul Pogba**, französischer Fußballspieler*

*7. Juni – **George Ezra**, britischer Singer-Songwriter*

*25. Juni – **Barney Clark**, britischer Schauspieler, Rollen in „The Lawness Heart" (2001) und „Oliver Twist" (2005)*

Schmink-Ikone – Taylor Momsen.

*26. Juni – **Ariana Grande**, US-amerikanische Schauspielerin, Model und Sängerin*

*26. Juli – **Taylor Momsen**, US-amerikanische Schauspielerin, Sängerin und Model*

*22. August – **Laura Dahlmeier**, deutsche Biathletin*

*20. September – **Julian Draxler**, deutscher Fußball-Nationalspieler und Weltmeister 2014*

*8. Oktober – **Angus T. Jones**, US-amerikanischer Schauspieler*

*9. Dezember – **Hazel Brugger**, schweizerisch-deutsche Stand-up-Comedian und Kabarettistin*

*22. Dezember – **Meghan Trainor**, US-amerikanische Songwriterin und Popsängerin*

Barney Clark als Oliver Twist (2005) im gleichnamigen Film.

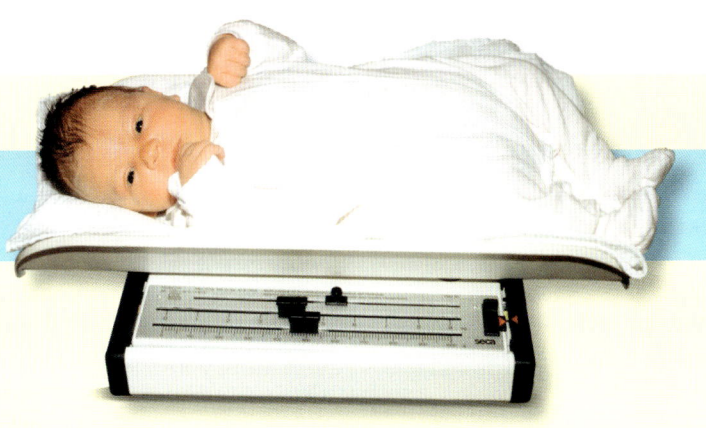

Schon ganz schön schwer.

Unser erster Besuch

Nachdem Mama mit uns aus dem Krankenhaus entlassen worden war, lernten wir unser neues Zuhause kennen. Und schon bald darauf machte die frohe Nachricht von unserer Geburt die Runde. Wenige Tage später bekamen wir den ersten Besuch: Oma und Opa, Onkels und Tanten, Nachbarn, Freunde unserer Eltern – alle brachten Geschenke mit. Ob selbst gestrickt oder selbst gekauft – schon eine Woche nach der Geburt verfügten wir über ein größeres Sockensortiment als unsere Eltern. Wir bekamen Rasseln, Decken, Bälle, Kuscheltiere und vieles mehr geschenkt. Nun wurden wir auch vermehrt „ausgefahren", um frische Luft zu schnappen. Diese bescherte nicht nur uns rote Bäckchen, auch unseren Eltern tat es gut, sich zu bewegen, nach dem Dauerstress wieder etwas durchzuatmen und der ständigen Unsicherheit, ob man als frischgebackene Eltern auch alles richtig macht, kurzzeitig zu entkommen.

Faule Socke.

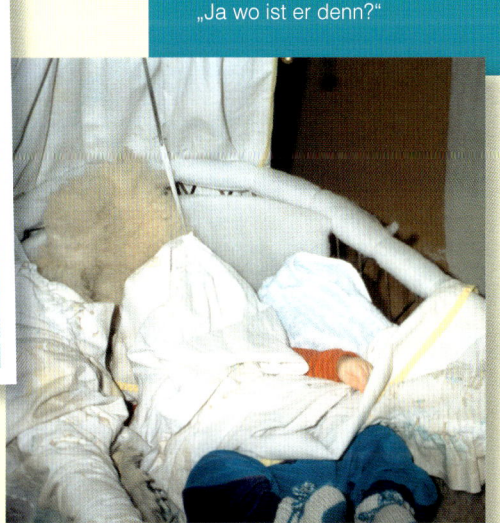

„Ja wo ist er denn?"

Ein großes Fest nur für uns

Nachdem die ersten Wochen und Monate vergangen waren, unsere Eltern und wir uns langsam aneinander gewöhnt hatten und alltägliche Dinge wie regelmäßiges Trinken und Schlafen immer einfacher wurden, stand für viele von uns auch schon die erste große Feier auf dem Programm: die Taufe.

Exklusiv für uns wurde ein großes Familienfest gefeiert, das meist in einer Kirche begann und dann im heimischen Wohnzimmer oder in einem Restaurant endete. Dort gab es etwas Leckeres zu essen und vor allem frischgebackene Paten, eine besondere Sorte der Onkel und Tanten, die sich von nun an noch intensiver um uns kümmerten, immer wieder zu Besuch kamen und uns viel vorlasen. Noch heute ist es möglich, den kompletten Ablauf der Tauffeier auf Video und in Alben zu bestaunen, denn Papa sorgte dafür, dass alles aufgenommen wurde, um es der Nachwelt zu erhalten.

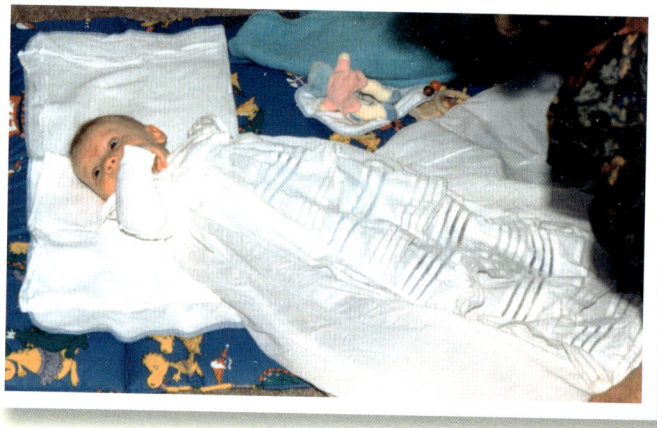

Das lange Taufkleid war ein Muss – für Mädchen wie Jungen.

Nachdem wir nun unter göttlichem Segen standen und schnell immer weiter wuchsen, wurden unsere Schlafphasen kürzer und die Phasen, in denen wir wach waren, verlängerten sich. Mit der Zeit lernten wir, nicht nur von Arm zu Arm herumgereicht zu werden, sondern uns eigenständig fortzubewegen. Zuerst lagen wir immer nur auf dem Rücken und strampelten, bis es uns unter großen Anstrengungen gelang, uns auf den Bauch zu drehen. So wurde unsere Mobilität immer größer. Nach weiteren quälend langen Übungsstunden gelang es uns, vor oder zurück zu robben und bald auch richtig zu krabbeln. Sobald wir diese Fähigkeit in unser noch recht begrenztes Repertoire aufgenommen hatten, machten wir die ganze Wohnung unsicher und erkundeten auch die hintersten Winkel.

Ich kann schon laufen.

P.S.: PS!

Neben unseren Geschwistern und Freunden wurde sie später für viele von uns zum wichtigsten Spielkameraden: die PlayStation. Nach Ihrer Veröffentlichung am 3. Dezember 1994 in Japan erschien sie am 1. September 1995 auch in Amerika und am 29. September 1995 in Europa. Zu den wichtigsten Spielen zählten neben dem Rennspiel Ridge Racer, das als das erste PlayStation-Spiel überhaupt gilt, unter anderem auch das Strategiespiel Worms und das Sportspiel FIFA-Soccer. Mit über 102 Millionen verkauften Exemplaren weltweit ist die PlayStation die zweit-erfolgreichste stationäre Konsole aller Zeiten. Dieser Erfolg wird nur übertroffen vom Nachfolger, der Playstation 2. 2006 wurde die Herstellung der Konsole nach einem Verkaufszeitraum von zwölf Jahren eingestellt.

Wir können schon selbst trinken.

Der große Bruder kann das nicht!

Prost Mahlzeit!

Nachdem wir nicht mehr gestillt wurden und allenfalls noch morgens und abends die Flasche bekamen, mussten alternative Nahrungsformen her, die sich „Hipp" oder „Alete" nannten und sich oftmals statt in unserem Magen in Form einer riesigen Sauerei auf dem Fußboden des Esszimmers wiederfanden.

Ausgestattet mit einem großen Lätzchen und stolz im Kinderstuhl thronend, bekamen wir das Essen auf dem Löffel verabreicht. Dieser war jedoch deutlich interessanter als das Essen selbst. Also versuchten wir ihn unseren Eltern in einem günstigen Moment aus der Hand zu nehmen, und waren dann völlig verwundert darüber, dass Mama oder Papa mit einem lauten Aufschrei reagierten, als wieder eine Ladung Brei auf ihrem Pullover landete. Nachdem uns der Grießbrei zu eintönig wurde, erweiterten Mama und Papa die Speisekarte auf Pastinaken, Möhren, Möhren mit Kartoffeln, Möhren mit Banane oder andere abenteuerliche Kombinationen. Leider wuchs mit der Zeit auch die „Füttererfahrung" unserer Eltern, sodass wir von nun an auf Mamas oder Papas Schoß aßen und es uns immer seltener gelang, den Löffel zu erhaschen, geschweige denn das Essen über Tisch und Stühle zu verteilen.

Unsere ersten Schritte

Nach Schlafen, Liegen, Strampeln, Drehen, Robben und Krabbeln kam nun die nächste Station unserer Bewegungsentwicklung an die Reihe. Wir lernten das Laufen. Unsere Eltern stellten sogar extra einen Laufstall ins Wohnzimmer, der uns optimale Trainingsmöglichkeiten bot und an dem wir uns immer wieder hochzogen. Mit dem Lauflernwagen perfektionierten wir unser Können.

Um den ersten Geburtstag herum gelang es dann: Unsere unendlichen Übungsstunden zeigten allmählich Erfolg und wir machten unsere ersten Schritte ohne fremde Hilfe! Für unsere Eltern war dies ein großer Moment, der mithilfe einer Kamera festgehalten und später auf Videokassette gebannt wurde. Wir jedoch verstanden die ganze Aufregung nicht, lachten aber trotzdem frech in die Runde und hatten so wieder einmal die Freude auf unserer Seite.

Schaukeln macht Spaß!

Ich kann schon stehen!

Ein dringendes Bedürfnis

Gegen Ende des dritten Lebensjahres verspürten wir plötzlich das Bedürfnis, nicht mehr alleine oder mit Mama und Papa zu spielen, sondern auch Kontakt zu anderen Kindern zu bekommen. Durch Kinderbetreuung oder Krabbelgruppe kannten wir schon manche anderen Mädchen und Jungen in unserem Alter, und da sich auch ihre und unsere Eltern einiges zu erzählen hatten, trafen wir uns ab und zu zum Spielen. Während Mama und Papa dann gemeinsam mit den Eltern des anderen Kindes Kaffee tranken und Kuchen aßen, düsten wir durch die Wohnung und spielten gemeinsam mit Puppen, Duplo-Legos oder Bauklötzen.

Neben dem Bedürfnis, mit anderen Kindern zu spielen, verspürten wir noch ein weiteres Bedürfnis: unsere „Bedürfnisse" in Zukunft nicht mehr unterwegs in die Windel, sondern wie die Großen zu erledigen. Wir bekamen deshalb ein „Töpfchen", das wir voller Stolz in unserem Zimmer aufstellten und das wir, sobald es brenzlig wurde, benutzen konnten. Mittlerweile war klar, dass es

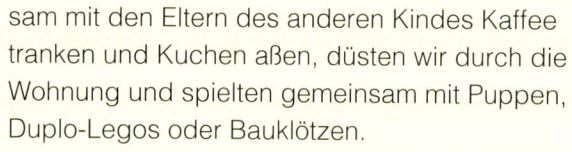

Ich habe den Durchblick.

So kann man uns glücklich machen.

sich hierbei nicht um einen hübschen Hut oder ein anderes Spielzeug handelte, sondern dass es für ernsthafte Geschäfte gedacht war. War jedoch etwas mehr Zeit, so versuchten wir die richtige Toilette zu benutzen. Da wir nun nicht mehr die Sicherheit einer Windel verspürten und selbst dafür zuständig waren, dass nichts daneben ging, saßen wir oft stundenlang in der Porzellanabteilung, ohne dass sich etwas rührte. Mit der Zeit lernten wir jedoch, unsere „Bedürfnisse" richtig einzuschätzen. Bis dahin war jedoch auch so mancher dunkler Fleck an falscher Stelle entstanden ...

Hallo, wer bist du denn?

Aus Zwergen werden Musterschüler

Ich bin jetzt schon ein Kindergartenkind!

Wir Senkrechtstarter

Geburt – klein sein. Krabbelgruppe – größer werden. Laufen können – noch größer werden. Kindergarten – ganz groß sein! Bevor wir in unseren ersten Kindergartentag starteten, fühlten wir uns wie Königinnen und Könige. Aber als es dann endlich richtig losging, bekamen wir doch ein bisschen Angst vor dem, was uns erwarten würde. Der erste Tag war besonders aufregend und spannend, vor allem weil wir die meisten anderen Kinder – bis auf einige

Chronik

10. Februar 1996
Unter Turnierbedingungen bezwingt mit „Deep Blue" erstmals ein Schachcomputer einen Schachweltmeister, den Russen Garry Kasparow.

30. Juni 1996
Deutschland wird durch das erste Golden Goal der Geschichte, erzielt von Oliver Bierhoff, zum dritten Mal Europameister.

5. Juli 1996
Mit dem Schaf „Dolly" wird weltweit zum ersten Mal ein geklontes Säugetier geboren.

1. Mai 1997
Nach 18 Jahren Tory-Regierung gewinnt in Großbritannien die Labour Party mit Tony Blair die Wahlen zum Unterhaus.

4. Juli 1997
Der Mars bekommt Besuch von der Sonde „Pathfinder". Mit an Bord ist auch der Geländewagen „Sojourner", das erste Fahrzeug auf dem Planeten.

27. Juli 1997
Als erster Deutscher gewinnt Jan Ullrich die „Tour de France".

31. August 1997
Der Unfalltod von Prinzessin Diana löst weltweit Trauer und Entsetzen aus.

20. April 1998
Die „Rote Armee Fraktion" (RAF) gibt ihre Auflösung bekannt.

3. Juni 1998
Beim bisher schwersten deutschen Zugunglück in Eschede sterben 101 Menschen.

1. August 1998
In allen deutschsprachigen Ländern tritt die Rechtschreibreform in Kraft.

27. September 1998
Die 16 Jahre andauernde Ära Kohl geht zu Ende, Gerhard Schröder wird Bundeskanzler. Erstmals regiert in Deutschland eine Koalition aus SPD und Grünen.

Wenn ich groß bin, will ich Prinzessin werden.

Ausnahmen aus der Krabbelgruppe oder der Nachbarschaft – kaum oder gar nicht kannten. Von älteren Geschwistern oder anderen Kindern hatten wir schon gehört, wie Kindergarten so ist. Mit einer Mischung aus Vorfreude und Angst erwarteten wir den ersten Kindergartentag.

Wir hängten unsere nagelneue Kindergartentasche und die Jacke an den dafür vorgesehenen Haken mit einem kleinen Bild, zogen die Schuhe auc, ctollten cie unter die Gardorobe und dann konnte es losgehen. Einigen von uns fiel diese Prozedur jedoch nicht so leicht. Ängstlich klammerten wir uns an den Hals unserer Eltern und wollten einfach nicht loslassen. Mit viel gutem Zureden gelang es den Kindergärtnerinnen schließlich, uns zum Bleiben zu überreden. Und nach einigen Anfangsschwierigkeiten düsten

wir schon bald los in Richtung der anderen Kinder. Ob im Mauseloch, der
Bären-, Löwen- oder Nilpferdgruppe – erst noch schüchtern und später immer
mutiger werdend lernten wir die anderen Kinder schon bald immer besser
kennen und fühlten uns mit der Zeit in unserer Gruppe immer wohler.

Verkehrserziehung im Kindergarten:
Das ist der Stoppstein.

Der Alltag holt uns ein

Obwohl die anfängliche Kindergarten-
euphorie schon nach einigen Tagen
oder Wochen weniger wurde, gingen
fast alle von uns gerne in den Kindergarten. Sehr hilfreich für uns waren die
Strukturen und Rituale, nach denen sich
der Tag richtete: Wir begannen meist
mit einem Stuhlkreis, in dem wir immer
montags von unseren Wochenend-
erlebnissen erzählen durften. Dann
folgte entweder eine festgelegte Aktion
wie ein Haushalts- oder Turnhallentag
oder wir begaben uns mit unseren
Freundinnen und Freunden in die Zeit
des freien Spielens: Bei gutem Wetter
rannten wir draußen herum, kletterten
auf dem Klettergerüst, rutschten,
schaukelten oder veranstalteten große

16

Kindergartenzwerge zu Besuch bei der Feuerwehr.

Zu besonderen Anlässen gab es im Kindergarten auch mal Pommes mit Ketchup.

Hüpfball-Rennen. Die älteren Schulkinder waren zwar bei allen Aktionen deutlich tonangebend, aber wir lernten uns zu behaupten und freuten uns schon auf die Zeit, wenn wir selbst einmal so alt sein würden. Besonders gerne spielten wir im Sandkasten und bauten dort Sandburgen mit möglichst großen Tunnels, durch die sogar Spielzeugautos passten. War das Wetter nicht so gut, malten wir drinnen auf dem Maltisch die größten und schönsten Bilder, die wir anschließend zu den anderen Bildern in die Sammelmappe legten. Außerdem spielten wir Mutter-Vater-Kind, waren in der Bauecke tätig, brachten in der Puppenecke „Martha", „Elisabeth" und den anderen Puppen bei, wie man kocht und putzt, oder ruhten uns in der Kuschelecke aus.

In den Jahren, in denen wir im Kindergarten waren, mussten wir jedoch auch lernen, uns an Regeln zu halten. Beim Essen warteten wir, bis alle etwas hatten, und fingen dann gemeinsam an. Der Zahnarzt erklärte uns, dass wir unsere Zähne immer drei Minuten lang putzen sollten, und schenkte uns dazu noch eine Sanduhr, an der wir die Zeit ablesen konnten. Zu guter Letzt lernten wir auch, dass es nichts bringt, jeden Konflikt mit einer Prügelei zu lösen, und dass es viel sinnvoller ist, miteinander zu reden, getreu dem Motto: „Was du nicht willst, was man dir tu, das füg' auch keinem anderen zu." Wollten wir mal nicht so recht gehorchen, mussten wir zur Strafe auf den Flur oder – wenn es ganz schlimm war – sogar in eine andere Gruppe.

Die Erzieherinnen brachten uns aber nicht nur Regeln, sondern auch Wissen bei. Immer gab es neue Themen, über die wir viel erfuhren und mit denen wir uns lange Zeit auseinandersetzten: Wir besuchten die Feuerwehr und einen Bauernhof, sprachen über die Indianer und lernten andere Länder, Völker und Kulturen kennen. Besonders aufregend war unser erster Kontakt mit der Polizei. Bei der Verkehrserziehung kam ein Polizist vorbei, der uns viel über den Straßenverkehr erzählte und uns beibrachte, vor der Straße am „Stopp-stein" stehen zu bleiben, nach Autos zu schauen und erst dann die Straße zu betreten. Mit großem Respekt und vielleicht sogar ein bisschen ängstlich folgten wir den Erklärungen des Polizisten und durften nach dem Verkehrsun-terricht sogar in einem richtigen – und ganz nebenbei todschicken – Polizei-auto probesitzen.

Wenn Sporttage auf dem Programm standen, durften wir außerdem in die Turnhalle, wo wir uns so richtig austoben konnten: Gab es keine Turnstunde, so arbeiteten wir oft auf der Bewegungsbaustelle oder spielten mit dem Schwungtuch und der Sprungmatte. Waren wir ganztags angemeldet, nahmen wir am Mittagessen teil. Das war eine Zeit, die wir sehr genossen. Denn dann ertönte immer unser Schlachtruf „Jeder esse, was er kann, nur nicht seinen Nebenmann. Und wir nehmen's ganz genau: auch nicht seine Nebenfrau. Hat er sie dann doch gegessen – Zähneputzen nicht vergessen!", woraufhin wir uns wie eine Horde junger, unterernährter Spatzen laut lärmend auf das – zugegebenermaßen nicht immer ganz leckere – Essen stürzten.

Große Träume.

Auf Rollen Richtung Freiheit

Vom Kindersitz auf dem Fahrradgepäckträger unserer Eltern aus beobachteten wir die Gegend und wünschten uns, endlich selbst in die Pedale treten zu dürfen. Dieser Traum wurde bald schon Realität und wir übernahmen selbst die Kontrolle: Zuerst noch unterwegs mit Bobby Car, Trampeltrecker, Dreirad und Kettcar, später dann mit unserem eigenen Fahrrad mit Stützrädern oder (City-)Roller,

Mein erster Roller.

Die Übung lohnt sich.

machten wir die Gegend unsicher. Schon bald konnte jeder der Nachbarn allein am Klang der über den Asphalt donnernden Plastikräder zweifelsfrei ausmachen, welches der Nachbarskinder diesmal im Anmarsch war. Einige Zeit später wurden wir jedoch immer geräuschloser, denn schon bald waren die ersten von uns ohne Stützräder unterwegs. Unser Ehrgeiz war geweckt und wir wollten auch ohne Hilfe Fahrrad fahren können. Nach vielen quälend langen Übungsstunden mit Mama oder Papa, bei denen wir uns die Knie blutig schlugen, die Autos der Nachbarn zerschrammten, Garagentore einbeulten und schließlich weinend auf dem Boden saßen, weil es einfach noch nicht so recht klappen wollte, war es irgendwann so weit: Papa holte den Inbusschlüssel aus dem Keller und schraubte die Stützräder ab. Jetzt konnten wir uns endlich zu den richtigen Fahrradfahrern zählen! Wir düsten ab sofort noch schneller durch die Gegend.

Die Freunde aus der Nachbarschaft.

Da wir uns nun etwas weiter von zu Hause weg bewegen konnten und durften, machten wir lange Touren durch die Nachbarschaft oder das Viertel und bekamen von den Nachbarn manchmal Brötchen, Kaugummis, Bonbons oder andere Süßigkeiten geschenkt. Oft waren auch unsere Freunde aus der Nachbarschaft mit dabei, mit denen wir spielten und Streiche ausheckten.

Unterwegs in Sandkasten, Planschbecken und Iglu

Waren wir gerade nicht auf Rollen und Rädern unterwegs, so versteckten wir uns gerne rund ums Haus oder hielten eine Versammlung unserer Geheimbande ab, in der wir dann die Taktik für den nächsten Überfall auf die gegnerische Bande planten. Die Landkinder unter uns verbrachten viel Zeit im Wald, bauten Buden und fuhren mit dem Trampeltrecker durch die Gegend, während die Stadtkinder sich auf dem Spielplatz trafen oder gemeinsam durch die Straßen zogen.

War es im Sommer warm genug, gingen wir ins Freibad oder an den See. An besonders warmen Tagen holte Papa das Planschbecken aus dem Keller, sodass wir uns abkühlen und erste Schwimmübungen durchführen konnten. Waren die beendet, hüpften wir laut lachend und vor Freude kreischend durch das aus dem Rasensprenger schießende Wasser, schossen uns gegenseitig mit Wasserpistolen ab oder bewarfen uns mit Wasserbomben.

Nach der sonnigen Badehosenzeit freuten wir uns nicht minder auf den Herbst mit kaltem und oft regnerischem Wetter. Die Blätter fielen von den Bäumen und boten uns großartige Möglichkeiten, trotz des kühleren Wetters draußen Spaß zu haben: Wir versteckten uns in Blätterhaufen oder sammelten Kastanien, aus denen wir kleine Männchen bauten.

Trockenübungen im Warmen.

Eingepackter Schneeheld.

Im Winter, wenn es kalt war und genug Schnee lag, wurden wir mit Mütze und Schal ausgestattet, in einen riesigen Schneeanzug gesteckt, bekamen dicke Winterschuhe angezogen und tollten draußen im Schnee herum. Dort bauten wir uns Iglus und fuhren mit unseren Schlitten Hügel und Hänge hinunter.

Der Torfall von Madrid

Es war eine Sternstunde des Deutschen Fernsehens, als Marcel Reif und Günther Jauch am 1. April 1998 das Halbfinal-Spiel der UEFA Champions League zwischen Real Madrid und Borussia Dortmund zu kommentieren hatten. Vor Beginn des Spiels war ein Tor umgefallen. Spanische Fans hatten den Schutzzaun hinter einem der Tore erklommen. Dieser knickte in Richtung der Zuschauertribü-nen ab und das daran befestigte Tor fiel nach hinten um. Durch diese Panne verschob sich der Anpfiff um eine Zeitspanne von 76 Minuten. So mussten Marcel Reif und Günther Jauch die Live-Übertragung bei RTL überbrücken. Dabei entstanden Sätze wie „Noch nie hätte ein Tor einem Spiel so gut getan" von Marcel Reif oder „Für alle, die nicht rechtzeitig eingeschaltet haben, das erste Tor ist schon gefallen" von Günther Jauch. Die unfreiwillige Überbrückung sahen etwa 12,76 Millionen Menschen,

das eigentliche Spiel hatte nur etwa 6 Millionen Zuschauer. Für diese Live-Übertragung bekamen Marcel Reif und Günther Jauch im selben Jahr statt – wie befürchtet – einer Kündigung den Bayerischen Fernsehpreis verliehen.

„Das erste Tor ist schon gefallen!"

4. bis 6. Lebensjahr

Zwischen Benjamin Blümchen und Rolf Zuckowski

Waren wir nach einem anstrengenden Tag draußen völlig geschafft und kaputt, lagen wir oft stundenlang auf unserem Bett, mit dem dicken Zeh in der Ritze zwischen Matratze und Bettgestell pulend, und hörten Kassetten oder unsere ersten CDs: Wir retteten gemeinsam mit Benjamin Blümchen die Welt, verfolgten mit Kasper und Seppl den Räuber Hotzenplotz, der schon wieder der Großmutter ihre Kaffeemühle geklaut hatte, flogen gemeinsam mit der kleinen Hexe durch die kalte Winternacht oder sangen mit Rolf Zuckowski die schönsten Kinderlieder von Stups, dem kleinen Osterhasen, und Papa, der endlich aufwachen sollte.

War der Kassettenrekorder aus, dann waren da immer noch unsere Spielzeugtelefone oder -handys. Diese ermöglichten es uns, wie unsere Eltern oder älteren Geschwister mit dem Telefon am Ohr durch die Wohnung zu laufen und ausgiebige Gespräche mit allen wichtigen Leuten zu führen. Das andauernde Gepiepse und Gebimmel dieser Spielzeughandys brachte zwar das ganze Haus zur Raserei, aber das kümmerte uns nicht und wir telefonierten in aller Seelenruhe weiter.

Auch sonst war drinnen immer etwas los: Im Wohnzimmer durften wir die Holz- oder Lego-Eisenbahn aufbauen und bewegten dann laut tutend die Züge über die Schienen. An jedem Bahnübergang hielten wir an, um alle Autos die Schienen überqueren zu lassen. Aus Lego bauten wir riesige Mauern und Türme. Mit den Playmobilfiguren errichteten wir große, voll eingerichtete Feuerwehr- und Polizeistationen. Und hatten wir mal keine Lust, mit Lego oder Playmobil zu spielen, so luden wir rasch einen Freund oder eine Freundin ein und spielten alle möglichen Berufe nach: Wir saßen im Büro, kochten, putzten, bügelten oder verschickten im Postamt Briefe und Pakete. Danach kramten wir unsere Siku- und Matchboxautosammlung hervor und fuhren mit den Spielzeugwagen auf unserem Straßenteppich entlang.

Malen, kneten, kleben – wir erobern den Farbkasten

Es hatte ein bisschen etwas von einem Schlachtfeld, wenn wir malten und bastelten: Überall lagen abgebrochene Stifte, Scheren oder Papierfetzen herum. Aber wir waren glücklich: Endlich konnten wir unserer Kreativität freien Lauf lassen. Mit Wachsmalstiften, Buntstiften, Filzstiften oder Wasserfarbe malten wir große Bilder: Eine Blumenwiese mit einem Strichmännchen darauf und darüber Sonne und Wolken, Häuser mit roten Dachziegeln oder Schiffe mit großen Segeln, einem Lenkrad und vielen Passagieren darauf. Auch Window Color war bei uns sehr beliebt und so klebten auf unseren Fenstern schon bald Bilder von allen möglichen Tieren.

Wir durften farbige Blätter und Schablonen ausschneiden und übereinanderkleben oder Laternen für den Sankt-Martins-Umzug basteln. Wir malten Steine an, arbeiteten mit Wellpappe und kneteten wie die Weltmeister. Die dadurch entstandenen Kunstwerke verschenkten wir großzügig an unsere Eltern, Großeltern, Tanten, Onkel oder andere Verwandte. So landeten unsere Bilder an Küchen- oder Kühlschranktüren, wo einige mit Sicherheit heute noch hängen.

Kleine große Künstler.

Besonders bekannt sind wir 93er jedoch für etwas völlig anderes – für die roten Kerzen aus Babybelwachs! Nachdem wir die kleinen Käse mithilfe der mysteriösen Papierbänder aus ihrer roten Wachsummantelung befreit hatten, sammelten wir das Wachs, um Kerzen daraus zu formen. Nach endlos langem Quengeln erbarmte sich schließlich jemand, schmolz das Wachs ein und bastelte mit uns gemeinsam eine Kerze daraus. Dass diese nicht wirklich brannte, machte uns nichts aus. Wir waren einfach stolz darauf, die rote Käseverpackung wenigstens zum Kokeln gebracht zu haben!

Auch draußen kam die Kunst nicht zu kurz, denn mit Straßenmalkreide zauberten wir riesige Bilder auf die Straße, den Bürgersteig oder die Garagenzufahrt. Wir malten ganze Steine in einer Farbe an, woraus dann später ein großes Muster entstand. War etwas mehr Platz vorhanden, so legten wir Bobby-Car- oder Fahrradparcours mit Kreuzungen, Ampeln und Zebrastreifen an, die wir mit unseren Fahrzeugen abfuhren.

Wir ließen unserer Fantasie und Kreativität nicht nur auf dem Papier freien Lauf …

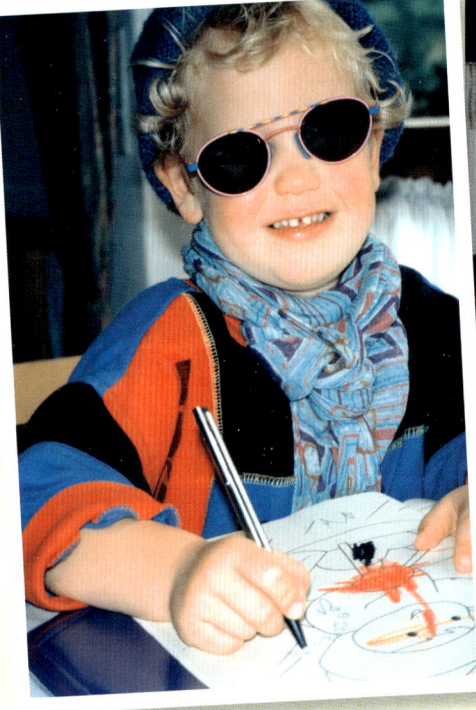

… sondern auch in der Küche und am „lebenden Objekt"!

24

Das Festessen zum Kindergeburtstag.

Jetzt kann die Party losgehen!

Wir Fetenkinder

Die Kindergartenzeit war für uns eine Zeit, in der wir vieles zum ersten Mal erlebten: Gruppendynamik im Kindergarten, Kassettenrekorder, Fahrradfahren und manches mehr. Ganz besonders im Gedächtnis geblieben ist uns allen aber mit Sicherheit der erste richtige Kindergeburtstag. Schon Monate vorher begannen wir, unsere Eltern mit dem Satz „Wie lange dauert es noch?" zu nerven. Jedes Mal bekamen wir „Noch ganz lang" zur Antwort. Aus dem „ganz lang" wurde später ein „lang" und schließlich ein „bald". Wir waren sehr aufgeregt und freuten uns, endlich mit unseren Freundinnen und Freunden aus

„Von drauß' vom Walde komm ich her ..."

dem Kindergarten feiern zu dürfen. Vorher führten wir mit unseren Eltern endlose Diskussionen über die Anzahl der Gäste und wann der Geburtstag denn losgehen sollte.

Wir wussten also im Vorfeld des Geburtstags schon, wer kam und wann es losging. Über das Programm hielten unsere Eltern allerdings völliges Stillschweigen. Da half kein Betteln, Weinen, Lieb-Gucken oder Schimpfen – Mama und Papa blieben hart und wir erfuhren erst am Geburtstag selbst, worum es ging. Meistens machten wir uns auf die Suche nach der verschwundenen Prinzessin oder dem verschwundenen Drachen oder wir vergnügten uns bei schlechtem Wetter mit Topfschlagen, Eierlauf und Sackhüpfen. Von den anderen Kindern bekamen wir tolle Geschenke und sie trafen damit meist genau das, was wir uns im Geheimen schon immer gewünscht hatten.

Im Gegensatz zum nicht besonders kreativen, aber leckeren „Festessen", das meist aus Pommes und Würstchen bestand, waren wir beim Geburtstagskuchen schon etwas anspruchsvoller: Wir bekamen große Piratenkuchen in Form eines Schiffes mit Männern darauf, Prinzessinnen-Kuchen mit rosa Zuckerguss und Glitzer-Streuseln oder einen Pumuckl-Kuchen mit gelbem, grünem und rotem Überzug. Auf dem Kuchen fand sich meistens eine große

Zahl und darum herum einige Kerzen derselben Anzahl. Am Ende war es eigentlich auch relativ egal, wie der Kuchen schmeckte. Hauptsache, er sah cool aus und wir konnten davon essen, bis uns schlecht war.

Auch andere Feste feierten wir sehr gerne. Beim St.-Martins-Umzug gab es süße Brezeln zu essen und anschließend stolzierten wir mit unserer meist selbst gebastelten Laterne umher. Vor Weihnachten gab es extra für uns einen großen Adventskalender und wir übten für das Krippenspiel. Ob Weihnachten, Nikolaus oder Silvester – wir waren mit Feuereifer bei den Vorbereitungen dabei, backten Plätzchen, putzten Schuhe oder suchten Socken für den Nikolaus heraus oder zündeten mit Papas Hilfe die Raketen an. Auch andere Feiertage wurden bei uns begangen und gefeiert: Vor dem Muttertag wurde unser Zimmer zur verbotenen Zone, denn wir sägten, bastelten und malten uns mit Blumen, Herzen, Stiftehaltern, Notizbrettern oder anderen praktischen Dingen in die Herzen unserer Mütter.

Als wir Vorschulkinder uns langsam anschickten, den Kindergarten zu verlassen, wurden wir von den Erzieherinnen zu einem großen Abschiedsfest mit abschließender Übernachtung eingeladen. So nahm diese schöne Zeit ein noch schöneres Ende!

Aufregend war die Übernachtung im Kindergarten.

Willkommen im Lerngehege

Was ist wohl drin in
unserer Schultüte?

Es geht los –
unser erster Schultag

Es war früher Morgen. In der Nacht
zuvor hatten wir vor Aufregung
kaum geschlafen und waren schon viel zu früh wach gewesen. Ungeduldig im
Bett liegend, warteten wir darauf, von unseren Eltern geweckt zu werden.
Endlich streckte unsere Mutter den Kopf zur Tür herein und wir durften aufste-
hen, uns anziehen, frühstücken, ausnahmsweise nicht ganz drei Minuten lang
die Zähne putzen und uns dann zum ersten Mal in unserem Leben für die
Schule fertig machen. Zwar waren wir vorher schon bei diversen „Kennenlern-
tagen" und dem Schularzt gewesen, aber heute war unser erster Schultag. Der
Tag, auf den wir seit Jahren hingefiebert hatten.

Chronik

23. Mai 1999
Happy Birthday! Deutschland feiert das
50-jährige Jubiläum der Gründung der
Bundesrepublik. Johannes Rau wird zum
Bundespräsidenten gewählt.

11. August 1999
In Europa beobachten Millionen von
Menschen die komplette Sonnenfinsternis.

3. September 1999
Die Quizsendung „Wer wird Millionär?" mit
Günther Jauch feiert Premiere.

26. März 2000
Wladimir Putin wird bei den russischen
Präsidentschaftswahlen schon im ersten
Wahlgang zum Präsidenten gewählt.

1. Juni 2000
In Hannover wird die Weltausstellung
EXPO 2000 eröffnet. Sie dauert bis zum
31. Oktober.

24. November 2000
In Deutschland wird der erste Fall von BSE
(auch als „Rinderwahn" bezeichnet)
bekannt.

20. Januar 2001
George W. Bush wird als neuer Präsident
der USA vereidigt.

18. März 2001
In Berlin wird die Gewerkschaft Ver.di
gegründet.

11. September 2001
Bei den Anschlägen durch das Terror-
netzwerk al-Qaida auf das World Trade
Center und das Pentagon sterben fast
3000 Menschen.

28. Januar 2002
Astrid Lindgren, die beliebte schwedische
Kinderbuchautorin, stirbt im Alter von 95
Jahren.

26. April 2002
Bei einem Amoklauf am Gutenberg-Gymna-
sium in Erfurt tötet ein 19-jähriger ehemali-
ger Schüler 16 Menschen mit einer
Handfeuerwaffe. Anschließend begeht er
Selbstmord.

30. Juni 2002
Bei der Fußball-Weltmeisterschaft in Japan
und Südkorea besiegt Brasilien Deutschland im Endspiel mit 2:0 und wird somit zum
fünften Mal Weltmeister.

Wir scharen uns um unsere Klassenlehrerin.

Als wir gestiefelt und gespornt,
ausgestattet mit einer uns um mehrere
Zentimeter überragenden Schultüte in
der Hand und einem brandneuen
Schulranzen auf dem Rücken aus der
Haustür traten, erwarteten uns dort
schon unsere Großeltern, Onkels und
Tanten, um uns an diesem wichtigen
Tag zur Seite zu stehen. Dann ging es
endlich Richtung Schule. Dort angekommen, gesellten wir uns zu unseren
zukünftigen Klassenkameraden und
-kameradinnen in die ersten beiden
Reihen der voll besetzten Aula oder
Turnhalle der Schule. Glücklicherweise
erblickten wir schon recht bald alte
Kindergartenfreunde oder bekannte
Gesichter vom letzten „Kennenlern-
nachmittag", sodass wir uns nicht mehr
ganz so allein und verlassen fühlten wie
vorher. Nach einer quälend langen
Begrüßung durch den Schulleiter und
die Lehrer fanden wir uns dann endlich

Deine Tüte ist aber groß!

in unserer neuen Klasse zusammen und scharten uns voller Erwartung um unseren Klassenlehrer oder unsere Klassenlehrerin. Während unsere Eltern noch weitere Informationen zur Schule und den auf uns und sie zukommenden Aufgaben bekamen, machten wir uns durch ein schier undurchdringbares Gewirr aus Gängen und Türen auf den Weg zu unserem Klassenzimmer. Das war also der Ort, von dem so viel Lustiges und Interessantes, aber auch Beängstigendes erzählt wurde – eigentlich sah es hier doch ganz nett aus.

Mission (im)possible: Lesen, Schreiben, Rechnen

Nachdem sich die anfängliche Euphorie des ersten Schultags langsam gelegt hatte, begann schon bald der ganz normale Schulalltag: Wir malten, spielten oder bastelten und wurden so spielerisch an Dinge wie das kleine Einmaleins, die Mysterien des Lesens und Schreibens in neuer Rechtschreibung oder die Kunst der Musik herangeführt. Während die einen alle Aufgaben ohne Probleme und in besorgniserregender Schnelligkeit erledigten, fiel manch anderen das Lernen nicht so leicht und sie mussten sich den behandelten Stoff zu Hause durch Zusatzaufgaben aneignen.

Mit Hilfe der „Anlauttabelle" lernten wir durch Bilder die Buchstaben kennen. So war zum Beispiel über dem „A" ein Apfel abgebildet, neben dem „B" stand ein Baum, das „C" wurde durch einen Clown verdeutlicht und so weiter. Nachdem wir uns so langsam an das Lesen und Schreiben herangetastet hatten, klappte dies schon bald immer besser und wir konnten die „Anlauttabelle" zur Seite legen und ohne ihre Hilfe Texte schreiben und lesen. Sehr beliebt waren bei uns (und unseren Lehrern) „Laufdiktate" und das berühmte „Fehlerlesen". In „Rechnen" wurden wir bald Experten für „Eckenrechnen" und mit ein bisschen Hilfe ließen sich bald sogar das Taschengeld der nächsten Wochen und die damit käufliche Anzahl Fruchtgummi-Schlangen am Kiosk ausrechnen. Die Schönschrift bereitete vielen von uns zwar erhebliche Schwierigkeiten, war jedoch zwingend notwendig, damit das, was wir schrieben, auch für andere lesbar wurde.

Als wir dann die ersten Zeugnisse – zunächst noch ohne Noten – in Händen hielten und uns darüber freuten, dass die Klassenlehrerin uns „großes Interesse" oder „schnelles Lernen" attestierte, fühlten wir uns richtig angekommen in der Schule und damit auch im richtigen Leben.

> Elefant Elefant Elefant,
> Amsel Amsel Amsel.
> eeeeeeeceeee eee.
> Tim ist am Telefon.
> Anna malt Elefanten.
> Hupe Lupe Hase Nase.
> Rose Hose.
> Ente Feder Esel Keks.
> Besen Eltern.

Das Schreiben fällt uns zunehmend leichter.

Unsere Grundschulklasse.

Meine Klasse

2002/03

7. bis 10. Lebensjahr

Ab der zweiten oder dritten Klasse wurden dann auch Noten verteilt und für einige von uns begann das große Schlucken: Denn aus dem „großen Interesse" war leider nur ein „befriedigend" geworden. Doch wir lernten auch mit Rückschlägen und Enttäuschungen umzugehen und schrieben in Deutsch weiter fleißig Aufsätze, rechneten in Mathe eifrig Aufgabenpakete und bemühten uns, auch in den anderen Fächern möglichst erfolgreich abzuschneiden.

Sammeln, Tauschen, Kämpfen

Besonders beliebt waren in der Grundschulzeit natürlich die großen Pausen, in denen wir draußen auf dem Schulhof Fußball, Seilspringen, Gummitwist oder „Mädchen fangen Jungen" spielten. Sofern es ein Klettergerüst oder einen Kletterbaum gab, wurde auch dieser von uns erklommen. Wenn der Spielplatz jedoch von den älteren Schülern belegt war, nutzten wir die Zeit, um unsere Mitschüler ganz neidisch beim Beyblade-Battle zu beobachten. Wahrscheinlich hatte kaum jemand von uns damals eine Ahnung davon, dass „Beyblade" eine japanische Manga-Serie ist, die von Kindern handelt, welche mit Kreiseln gegeneinander kämpfen. Aber das war uns auch ziemlich egal, denn es kam uns nur darauf an, dass diese Kämpfe auf unserem Schulhof in einer in grellen Farben bemalten Plastikschale ausgetragen wurden und uns allen große Freude bereiteten. Nach einiger Zeit hatten wir unsere Eltern dann endlich überredet, uns auch so einen Kreisel zu kaufen und wir konnten mitkämpfen und nicht mehr „nur" zuschauen.

Der Geldbeutel unserer Eltern oder unser Taschengeld musste außerdem bei diversen Sammelkarten herhalten: Egal ob Pokémon, Dragonball Z, Digimon, die Sammelbilder zur EM und WM oder gut riechende Diddl-Blätter – wir wollten möglichst alle haben und tauschten mit den Klassenkameraden und Klassenkameradinnen in jeder Pause wild hin und her.

Beste Freunde.

Als die Welt den Atem anhielt ...

Am Dienstag, dem 11. September 2001 verloren etwa 3000 Menschen ihr Leben, als vier Selbstmordattentate auf wichtige zivile und militärische Gebäude in den USA verübt wurden: 19 Attentäter der islamistischen Terrororganisation al-Qaida entführten vier Verkehrsflugzeuge. Zwei davon lenkten sie anschließend in die beiden Türme des World Trade Centers in New York und eines ins Pentagon bei Washington DC. Das vierte Flugzeug stürzte aufgrund von Kämpfen zwischen den Passagieren und ihren Entführern in Pennsylvania ab, sein Anschlagsziel blieb unbekannt.

Der 11. September, der als terroristischer Massenmord gilt, hatte weitreichende Folgen weltweit: Seitdem sind die Sicherheitsvorkehrungen und Kontrollen stark verschärft worden, besonders auf Flughäfen und bei der Ein- und Ausreise nach oder aus Amerika. Außerdem rief der amerikanische Präsident George W.

Bush als Konsequenz auf die Anschläge den „Krieg gegen den Terror" aus: Anfang Oktober 2001 begann so der Krieg in Afghanistan. Auch den Irakkrieg, der im März 2003 begann, begründete Bush zum Teil mit den Anschlägen. Sowohl Afghanistan als auch der Irak galten als Länder, die die Terrororganisation al-Qaida und ihren Führer Osama Bin Laden unterstützten.

Die Terroranschläge wurden seitdem in vielen Dokumentar- und Spielfilmen, mit Musik, Literatur und Malerei zu verarbeiten versucht. Jedes Jahr findet außerdem ein Gedenktag für die Opfer statt und an der Stelle, an der früher das World Trade Center gestanden hat, befindet sich nun eine Gedenkstätte, das World Trade Center Memorial, sowie seit Ende 2015 außerdem das One World Trade Center, der Nachfolgebau des World Trade Center.

Checker auf Klassenfahrt.

Auf großer Fahrt

Eins der größten Highlights der Grundschulzeit war neben Wandertagen oder Ausflügen ins Konzert oder Theater die erste Klassenfahrt: Wir waren im Schullandheim, im Freizeitheim oder beim Zelten – überall hatten wir viel Spaß, konnten uns gemeinsam mit unseren Klassenkameraden und Klassenkameradinnen austoben und erlebten, wie es auf Freizeiten zugeht und wie man sich auch über mehrere Tage in einer Gruppe gut zurechtfindet. Gemeinsam auf einem Zimmer mit den anderen

Jungs oder Mädchen aus der Klasse lernten wir uns besser kennen und sammelten erste Erfahrungen in einem uns bisher verborgen gebliebenen Mysterium, über das wir bisher nur hatten lachen und Witze reißen können: das Verhältnis zwischen Jungen und Mädchen oder anders herum.

Nach dem aufregenden Erlebnis der Klassenfahrt erwartete uns schon in der vierten Klasse der erste Prüfungsstress: Der Verkehrsunterricht begann und sollte später mit der Fahrradprüfung abgeschlossen werden. Unsere Klassenlehrerin oder unser Klassenlehrer zeigte uns – unterstützt von einigen engagierten Eltern – wie man richtig an einer Kreuzung abbiegt: den „Blinker setzen", über die Schulter schauen, eventuell Vorfahrt gewähren, auf Fußgänger achten und dann mit beiden Händen am Lenker abbiegen. Nach vielen teilweise viel zu langen Übungsstunden war es dann endlich so weit: Für die allermeisten von uns folgte der zweite Kontakt mit der Polizei. Nach dem Verkehrsunterricht im Kindergarten ging es nun an die Fahrradprüfung. Der Polizist kam vorbei und prüfte uns. Mit zitternden Händen und an manchen Stellen auch etwas wackelig auf dem Fahrrad fuhren wir die Strecke entlang, die vorher markiert worden war, und freuten uns am Schluss, als wir stolz unseren Fahrradführerschein in den Händen hielten.

Stolz präsentieren wir unsere Kommunionskerze.

Unsere Kommunion

Meist im dritten Schuljahr stand für die Katholiken unter uns eine weitere Besonderheit auf dem Programm: die Erstkommunion. Zur Vorbereitung trafen wir uns regelmäßig in kleinen Gruppen zum Kommunionsunterricht, der von Eltern oder Hauptamtlichen der Gemeinde, wie zum Beispiel Priestern oder Diakonen, geleitet wurde. Dort wurden wir mit dem nötigen Basiswissen des christlichen Glaubens ausgestattet, sowohl praktisch als auch theoretisch. Außerdem erfolgte in dieser Zeit zum ersten Mal die Beichte, bei der wir dem Priester der Gemeinde eine oder mehrere „schlimme Sünden" beichteten.

Am Tag der eigentlichen Erstkommunion warteten wir aufgeregt in unseren weißen Gewändern und mit Kerzen in den Händen auf den Einzug in die Kirche. Den anschließenden Gottesdienst hatten wir gemeinsam vorbereitet und durften einige Teile, wie Lesungen und Gebete, sogar selbst übernehmen. Nach der Zeremonie schloss sich meist ein kleines oder größeres Fest an, in dessen Verlauf wir von unseren Bekannten, Freunden und Verwandten viele Geschenke und Geld bekamen.

Was für die einen die Musik, war für die anderen der Sport.

Olli Kahn versus Mozart

Mit einer Frisur wie der von Oliver Kahn und ausgerüstet mit den allerneusten Torwart-Handschuhen standen wir beim Fußballspielen auf dem Bolzplatz zwischen den Pfosten und sorgten dafür, dass „der Kasten sauber blieb". Ob im Fußballverein, beim Kinderturnen, im Schwimmunterricht oder in der Ballettschule – wir begannen unsere sportlichen Fähigkeiten zu erproben. Damals noch als „Bambinis" oder „Minis" bezeichnet, begaben wir uns regelmäßig zum Training und lernten, wie man am besten mit dem Ball dribbelt, einen Salto auf dem Trampolin macht, einen schicken Startsprung vom Beckenrand hinlegt oder die eleganteste Pirouette auf den Tanzboden bringt. Beim Musikunterricht vergnügten wir uns mit Flöte, Klavier, Gitarre, Geige oder Schlagzeug. Anfangs mussten wir uns zwar noch sehr an das regelmäßige Üben gewöhnen, dies klappte jedoch schon bald besser und so konnten wir schnell Fortschritte verzeichnen. Einige Zeit später fanden dann auch die ersten Vorspiele, Sportwettkämpfe oder Vorführungen statt und mit zitternden Knien und schweißnassen Händen begaben wir uns an unsere Instrumente oder Sportgeräte, um den Zuschauern unser Können unter Beweis zu stellen. Anschließend freuten wir uns über tosenden Applaus und ließen uns – mittlerweile völlig k. o. – von unseren Eltern oder Großeltern zum Essen oder einer großen Kugel Eis einladen.

Der Euro kommt ...

Ab dem 17. Dezember 2001 wurden in deutschen Banken und Sparkassen erste „Starterkits" der neuen europäischen Währung Euro ausgegeben. Darin waren 20 Münzen im Wert von 10,23 € enthalten, die einen Gegenwert von 20 DM hatten. Die neuen Geldscheine waren ab dem 1. Januar 2002 erhältlich, gleichzeitig startete auch die allgemeine Ausgabe der neuen Währung. Bis Ende Februar 2002 gab es eine Übergangsfrist. Innerhalb dieser war es möglich, in den Läden

Das Euro-Starterkit.

sowohl mit DM als auch in Euro zu bezahlen, jedoch wurde das Wechselgeld immer in Euro ausgegeben.

Zwischen Hausaufgaben und Schlafengehen

Wenn gerade keine Hausaufgaben zu erledigen waren, wir nicht für den nächsten Musikunterricht üben mussten und unsere Eltern uns auch nicht zum Abendessen oder zum Ins-Bett-Gehen riefen, waren oft Freunde zu Besuch, mit denen wir hinter dem Haus Fußball spielten, auf dem Gameboy herumdrückten, mit Funkgeräten ausgerüstet durch die Straßen schlichen und dabei Polizei spielten oder uns im Haus verkleideten. Wir wurden zu furchterregenden Piraten, reichen Handelsmännern oder süßen Prinzessinnen mit Glitzer-Haarreif. Außerdem liebten wir das Budenbauen, egal ob drinnen oder draußen! Drinnen benutzten wir Kissen, Matratzen und Decken aus dem Bett, Tische und Stühle und alles, was wir sonst noch finden konnten, um unsere Bude möglichst perfekt zu gestalten. Draußen mussten Baumstämme, Bretter, Äste, Zweige und Gestrüpp herhalten. Mithilfe der Nachbars- oder Geschwisterkinder und der Eltern bauten wir außerdem große

Den Sonntagvormittag verbrachten wir gerne vor dem Fernseher.

Holzhäuser und Baumbuden, in denen wir dann tagelang spielten und die wir immer weiter verbesserten, bis sie irgendwann (fast) perfekt waren.

Ein besonderes Highlight der Woche war der Sonntagmorgen. Wenn wir uns nicht unter großen Kissen- und Deckenstapeln versteckten, sahen wir regelmäßig unsere Lieblings-Fernsehserien wie „Die Sendung mit der Maus", „Sesamstraße" oder „Löwenzahn". Auch sonst spielte das Fernsehen für viele von uns eine große Rolle: Wir sahen Serien wie „Bob der Baumeister", „Pumuckl" und „1, 2 oder 3" und freuten uns jedes Mal, wenn wir uns anschließend mit unseren Klassenkameraden darüber austauschen konnten.

Echte Freunde

Im Laufe der Grundschulzeit wurden soziale Kontakte und Freundschaften für uns immer wichtiger. Wir wollten gerne dazugehören, mit dabei sein, immer mitspielen und dabei von allen gemocht werden. Keine leichte Sache! Nach einer gewissen Zeit hatten wir unseren Platz in der Klasse jedoch gefunden und wussten relativ genau, wer wir selbst waren und wie die anderen uns sahen.

Spaß mit Papa.

Was heute die Freundeslisten bei Facebook oder Instagram sind, waren damals unsere Freundebücher. Diddl, Felix und Wendy stellten Fragen nach Geburtstag, Lieblingsort, Lieblingsurlaub, Lieblingsfarbe oder Traumberuf und unsere Freunde antworteten darauf. Anhand dieser Einträge konnten wir auch sehen, wie wichtig wir anderen waren. Hatten sie sich die Mühe gemacht, ein Foto mit einzukleben, so bedeuteten wir ihnen sehr viel. War anstelle des Fotos jedoch nur eine Zeichnung zu sehen, so waren wir den anderen eher nicht so wichtig.

Die Begeisterung für Freundebücher ging sogar so weit, dass wir diese unserem Klassenlehrer oder unserer Klassenlehrerin gaben. Einige Tage später fand sich dann wieder ein neuer Eintrag im Buch. Fast immer mit Bild!

Wir kommen in die (Flegel-)Jahre

Rucksack statt Ranzen

Mit dem Eintritt in die weiterführende Schule begann für uns ein völlig neuer Lebensabschnitt, der viele Veränderungen mit sich brachte: Auf einmal waren wir, die „Kings" aus der Grundschule, wieder die Kleinsten und mussten mit vielen Dingen von vorne beginnen: Die neue Schule war ganz anders als die

Chronik

1. Februar 2003
Die Raumfähre „Columbia" zerbricht und verglüht 15 Minuten vor der Landung auf dem Weltraumbahnhof Cape Canaveral. Die sieben Besatzungsmitglieder kommen ums Leben.

August 2003
Eine Hitzewelle plagt Deutschland. Die Rekordtemperatur beträgt 40,3 Grad.

29. März 2004
Irland führt das weltweit erste staatlich erlassene Rauchverbot ein. Es gilt an allen Arbeitsplätzen, also auch in Pubs und Restaurants.

23. Mai 2004
Horst Köhler wird von der Bundesversammlung zum Bundespräsidenten gewählt und tritt am 1. Juli sein Amt an.

16. Februar 2005
Das Kyoto-Protokoll tritt in Kraft, wird von den USA jedoch nicht ratifiziert. Es legt verbindliche Werte für den Ausstoß von Treibhausgasen fest. Diese sind Hauptursache der globalen Erwärmung.

7. Juli 2005
In London werden zur Hauptverkehrszeit Terroranschläge auf U-Bahnen und Busse verübt. Es sterben mindestens 50 Menschen, weitere 700 werden verletzt.

29. August 2005
Hurrikan Katrina richtet in den USA schwere Schäden an. Besonders stark betroffen ist New Orleans.

18. September 2005
Bei den vorgezogenen Neuwahlen zum Deutschen Bundestag werden CDU/CSU und SPD die beiden stärksten Parteien und bilden kurze Zeit später eine große Koalition. Angela Merkel wird die erste deutsche Bundeskanzlerin.

2. Januar 2006
In Bad Reichenhall bricht eine Eislaufhalle unter der Schneelast auf ihrem Dach zusammen. 15 Menschen sterben bei dem Unglück.

8. Dezember 2006
Nintendo veröffentlicht die „Wii"-Konsole.

alte und wir lernten uns darin zurechtzufinden, die richtigen Türen zu benutzen und mit dem Bus zu fahren. Auch unsere Fächer veränderten sich: Aus „Lesen und Schreiben" wurde „Deutsch", „Rechnen" wurde zu „Mathematik" und statt in „Sachkunde" wurden wir in „Geschichte", „Politik" und „Erdkunde" unterrichtet. Unsere rudimentären Englischkenntnisse aus der Grundschule wurden weiter ausgebaut und für manche von uns begann das fünfte Schuljahr direkt mit einer weiteren Fremdsprache wie Französisch oder Latein. Zu Hause mussten wir deshalb regelmäßig Vokabeln lernen und ließen uns von unseren Eltern oder älteren Geschwistern abfragen, um für den nächsten Vokabeltest gut vorbereitet zu sein. Aus diesem Grund veränderte sich auch unser Tagesablauf: Der Unterricht dauerte länger als in der Grundschule und wir kamen nachmittags erst später nach Hause. Für die Hausaufgaben benötigten wir nun mehr Zeit als zuvor, denn es gab viel mehr Fächer, für die wir etwas tun mussten. Nach Ende des Unterrichts stürzten wir uns auf die AGs unserer Schule: Theater, Fußball, Klettern oder Schülerzeitung – das Angebot war riesig und wir waren voller Begeisterung dabei.

Zuerst war in der neuen Schule alles noch völlig neu: die Umgebung, die Fächer, die Leute. Nach einiger Zeit fanden wir uns jedoch immer besser zurecht und die neue Klassengemein-

schaft, in der jeder seinen Platz finden musste, wuchs zusehends zusammen. Rasch bildeten sich Cliquen, die das Geschehen in der Klasse beherrschten.

Ein sehr wichtiges Thema war schon damals unser Schulequipment: Der alte Schulranzen wich einem neuen Rucksack von Eastpak und statt Delfinen oder Drachen trugen wir das 4YOU-Logo mit uns herum. Es veränderten sich aber nicht nur die Marken, besonders die Größe der Rucksäcke spielte eine wichtige Rolle. Denn Ranzen, geschweige denn Ledertaschen, waren völlig out. Stattdessen waren immer kleinere Rucksäcke angesagt, die nicht nur leichter, sondern auch deutlich cooler waren. Auch die Wahl des passenden Mäppchens war sehr wichtig für uns, denn wir wollten statt eines Aufklappmäppchens lieber ein chaotisches Schlampermäppchen haben.

Zocker und Leseratten

Nach getaner Arbeit in der Schule und bei den Hausaufgaben entspannten wir uns zu Hause mit Spielen. Dabei wurden neben den klassischen Gesellschaftsspielen auch Computer- oder Internetspiele immer wichtiger: Statt mit „Monopoly", „Elfer raus" oder „Siedler von Catan" vergnügten wir uns mit „Need for Speed", „Stronghold Crusader" oder „SimCity". In der Schule oder zu Hause mit Freunden spielten wir im Internet „Bomberman", „Blobby Volley" und „Achtung die Kurve", allesamt unterhaltsame Gruppenspiele mit absolut schlechter Grafik, aber dafür umso höherem Spaßfaktor.

Wir sind immer informiert.

Auch unterwegs hatten wir immer etwas zu tun, denn der „Gameboy"
eröffnete uns eine völlig neue und bisher ungeahnte Mobilität unserer Lieblingsspiele. Wir mussten uns zum Spielen nicht mehr vor den Computer oder
an den Tisch setzen, sondern konnten auf dem Bett liegen oder mit dem Auto
in den Urlaub fahren. Spiele wie „Mario", „Pokémon", „Tetris", „Wonderland",
„Tom & Jerry" und „Bomberland" waren unsere ständigen Begleiter. Das
ununterbrochene Piepsen des Gameboys machte zwar alle Leute in unserer
Umgebung völlig verrückt, wir hatten jedoch trotzdem unseren Spaß und
kämpften gegen kleine Tierchen mit seltsamen Köpfen oder stapelten Steine
in- und aufeinander.

Hatten Computer und Gameboy gerade Pause, so lasen viele von uns gerne.
Die Mädchen waren glücklich mit den „Wilden Hühnern", „Tintenherz" oder der
Serie „Freche Mädchen, freche Bücher", die Jungs hingegen bevorzugten
eher „Die drei Fragezeichen" oder „TKKG". Von Büchern wie zum Beispiel
„Harry Potter" ließen wir uns jedoch alle fesseln und gaben nicht auf, bis auch
der allerletzte Band komplett gelesen war.

Harry Potter fesselte uns alle
– Jungen wie Mädchen.

Neben Büchern standen auch Zeitschriften hoch im Kurs: Während die Mädchen fleißig in „BRAVO", „Yam!" oder „Mädchen" blätterten, beschäftigten die Jungs sich mit völlig anderer Lektüre: Neben den Sonderheften von „Donald Duck" oder „Micky Maus" lasen wir besonders gerne Fußball- und Autozeitungen. Wichtig war bei der Auswahl der Magazine für uns alle jedoch weniger der Inhalt, sondern vielmehr, welches Extra sich vorne auf dem Cover befand. So gelang es uns schnell, eine große Sammlung an Bändern, CDs und anderen lebensnotwendigen Dingen zu sammeln.

Dieter Bohlen brachte uns mit seinen Sprüchen alle zum Lachen.

Zwischen Poster und Couch

Blauer Teppichfußboden und helle Wände – so sahen viele unserer Zimmer damals aus. Die helle Farbe der Wände wurde jedoch durch eine bunte Mischung aus diversen Postern verdeckt, die wir über die Zeit gesammelt hatten: Zwischen Michael Schumacher und Michael Ballack hatten auch Bands und Musiker wie Shakira, Tokio Hotel oder Bushido ihren Platz. Zum Inventar unserer Zimmer gehörten natürlich ein Bett und ein Schreibtisch. Zudem besaßen die meisten von uns eine Stereoanlage, mit deren Hilfe wir das Haus mit der neuesten Musik von Silbermond, Nickelback, Wir sind Helden und Green Day beschallten.

Im Laufe der Zeit kam zur Ausstattung unseres Zimmers außerdem ein Computer und meist auch ein Sessel oder eine Couch hinzu. Bei einigen von uns wurde die Einrichtung zusätzlich noch durch einen Fernseher abgerundet. Der wurde dann am Nachmittag, spätestens jedoch gegen Abend angeschaltet, damit wir unsere Lieblingssoaps und -Telenovelas verfolgen konnten. Wir sahen „Schloss Einstein", und als wir etwas älter waren „Gute Zeiten, schlechte Zeiten" oder „Verliebt in Berlin". Später am Abend machte sich dann das Castingshow-Fieber bemerkbar und wir drehten den Fernseher etwas lauter, um Sendungen wie „Deutschland sucht den Superstar" oder „Germany's Next Topmodel" zu sehen. Dabei fieberten wir mit und freuten uns über die guten Sängerinnen und Sänger. Die vielen peinlichen Kandidaten boten uns auch viel Grund zum Lachen und sorgten für reichlich Diskussionsstoff am nächsten Tag in der Schule.

„Wir sind Papst!"

So titelte die BILD-Zeitung nach der Wahl von Kardinal Joseph Ratzinger am 19. April 2005 zum Papst. Ratzinger folgte damit als Benedikt XVI. Johannes Paul II., der bereits am 2. April 2005 nach schwerer Krankheit gestorben war. Er wurde im Konklave, an dem 115 Kardinäle teilnahmen, schon im vierten Wahlgang gewählt. Bereits vor seinem Pontifikat war Ratzinger sehr einflussreich gewesen und hatte als rechte Hand von Papst Johannes Paul II. gegolten.

Joseph Ratzinger wird Papst Benedikt XVI.

Freizeitfrühstück in der Morgensonne.

Zum Überleben brauchen wir nur das Nötigste.

Erst die Arbeit, dann das Vergnügen

Nach einer viel zu langen Zeit in der Schule, während der wir nach und nach immer „ferienreifer" wurden, waren sie endlich da: die ersten Ferien alleine, ohne Eltern! Mit Vereinen, Verbänden, den Pfadfindern oder Kirchengemeinden waren wir unterwegs und machten unsere ersten eigenen und selbstständigen Urlaubserfahrungen. Das Programm dieser Freizeiten war immer sehr abwechslungsreich: Wir spielten, tobten oder trieben Sport, sprachen über ein Thema oder übten Theaterstücke oder Musicals ein. Außerdem lernten wir mit der Zeit, uns auch in einer größeren Gruppe mit vielen unbekannten Leuten zurechtzufinden und aus Freizeiten das absolute Maximum an Spaß herauszuholen. Heimliche Verabredungen, nächtliches Umherschleichen oder böse Streiche waren also an der Tagesordnung und ließen unseren Adrenalinspiegel jedes Mal aufs Neue explodieren. In die Höhe schnellte dieser auch, wenn wir auf Freizeiten auf einmal bis über beide Ohren in ein anderes Mädchen oder einen anderen Jungen „verknallt" waren und deshalb versuchten, seine oder ihre Aufmerksamkeit zu erlangen und uns heimlich an einem geheimen Ort zu treffen.

Spaten, Honks und Vollassis im Mutter-Fieber

Neben den typischen A-Begriffen prägten wir auch Worte wie „Spaten" oder „Honk", um uns gegenseitig anzusprechen, zu bezeichnen oder zu beschimpfen. Das Wort „asozial" verkürzten wir zu „assi", welches dann sowohl als Adjektiv als auch als Substantiv gebraucht werden konnte.

Getreu dem Motto „keine Strafe ohne Vergehen" musste zuerst einmal ein Vergehen her, um überhaupt eine Strafe bekommen zu können. So planten wir gezielte „Attentate", um unsere Lehrer in Rage zu bringen: Wir befeuchteten beispielsweise mithilfe des Tafelschwamms den Lehrerstuhl, legten Reißzwecken und andere kneifende Utensilien darauf oder versteckten uns im Nachbarraum und trieben so besonders junge Referendare fast zur Verzweiflung.

Wir hatten auch einen Heidenspaß dabei, prall gefüllte Wasserbomben im Treppenhaus fallen zu lassen und dann zu beobachten, wie diese einen ganzen Gang unter Wasser setzten. Die etwas älteren Schüler führten dieses Experiment mit Kondomen durch – zu einer Zeit, zu der wir noch nicht einmal wussten, was das eigentlich ist und wofür man es normalerweise gebraucht.

Auch außerhalb der Schule hatten wir Streiche auf Lager: Wie schon Generationen vor uns spielten wir „Klingelmännchen" oder „Laternen austreten". Dabei zogen wir umher und traten mit solcher Wucht gegen die Straßenlaternen, dass diese nach einiger Zeit ausgingen. Viele dieser Streiche fanden ihren Höhepunkt zu Halloween, wo der Schock-Faktor noch eine deutlich größere Rolle spielte als sonst.

Wir wurden jedoch nicht nur aufgrund unserer Streiche als „assi" oder „Assi" abgestempelt, sondern auch unsere Witze und Sprüche bewegten sich teilweise weit unter der Gürtellinie – Stichwort „Deine Mutter-Witze".

„Gruppenzwang".

Ein völlig ungewohntes Gefühl ...

Stolz präsentieren wir die neue „Konfi-Kollektion".

Wir lernen Religion kennen

Die Region, in der wir aufwuchsen, prägte uns in vielerlei Hinsicht. Denn die Unterschiede zwischen Nord, Süd, Ost und West, Stadt und Land machten sich auch in der Frage unserer Nachmittagsgestaltung bemerkbar. Lebten wir im eher atheistisch geprägten Teil Deutschlands, stand für uns die Jugendweihe auf dem Programm. Kamen wir aus einer katholischen Gegend, sahen wir der Firmung entgegen. Und die Protestanten erwartete der erste Kontakt mit Kirche in Form der Konfirmation.

Zuerst noch etwas skeptisch sahen wir den folgenden eineinhalb Jahren entgegen, in denen wir mit dem Basiswissen des christlichen Glaubens ausgestattet werden sollten. Einmal in der Woche trafen wir uns nun mit vielen anderen Jugendlichen in unserem Alter und dem Pfarrer der Gemeinde, um über Gott und den christlichen Glauben zu sprechen. Wir behandelten die wichtigen Fragestellungen von Religion und lernten Texte wie den 23. Psalm, das Vaterunser oder das Glaubensbekenntnis auswendig. Als Highlight dieser Zeit galt die gemeinsame Freizeit, für die wir extra einen oder mehrere Tage schulfrei bekamen, um daran teilnehmen zu können.

Je näher der Termin der Konfirmation rückte, umso gestresster wurden wir – und noch viel mehr unsere Eltern. Denn für das große Fest musste viel vorbereitet und besorgt werden: Anzüge für die Jungen, Kostüme mit Rock oder Hose für die Mädchen. Ein passender Raum, das richtige Essen, ein spannendes Programm. Als es dann endlich so weit war, standen wir – bekleidet mit der brandneuen Kollektion an Anzügen und Kleidern – vor der Kirche und warteten darauf, dass der Gottesdienst endlich vorbei sein würde, damit unsere Feier losgehen konnte. Denn natürlich waren wir ganz heiß auf die Geschenke und die mit kleinen und großen Geldscheinen gefüllten Briefumschläge. Mit den Einnahmen dieser Feier hatten wir schon im Vorfeld spekuliert, um uns endlich das neue Handy, die Kamera, den Laptop oder das Mofa kaufen zu können. Und wenn wir ganz ehrlich zu uns selbst sind, waren uns die schwarzen Zahlen im Sparbuch unter dem Strich vielleicht auch doch noch etwas wichtiger als die schwarzen Buchstaben im Gesangbuch.

Filme, Musik und andere Peinlichkeiten

„Ringding" – der Crazy Frog macht uns alle verrückt.

James Blunt, Silbermond, Avril Lavigne, Kelly Clarkson, No Angels und Juli – das war unsere Musik! Auch wenn wir vieles davon heute nicht mehr als „Musik", sondern vielmehr als „musikalische Entgleisung" bezeichnen würden, haben wir diese Bands geliebt und wollten alle ihre Songs hören, am liebsten in einer Endlosschleife.

Absolut unvergessen bleibt auch einer der größten und verrücktesten Hypes der Musikgeschichte, den wir miterleben durften: der Crazy Frog. In elf Ländern stand er mit „Axel F" auf Platz 1 der Single-Charts, in weiteren fünf Ländern landete er immerhin in den Top Ten. Aber nicht nur die Charts spielten seinetwegen völlig verrückt, auch wir wurden „crazy" und hörten uns Songs wie „Axel F", „Popcorn" oder „Last Christmas" immer und immer wieder an. Die verrückten Musikvideos gaben wir von Handy zu Handy weiter und bestaunten sie fast täglich bei YouTube. Pünktlich zur WM 2006 veröffentlichte der Crazy Frog mit „We Are The Champions" außerdem einen eigenen WM-Song, der Künstlern wie Herbert Grönemeyer und Oliver Pocher Konkurrenz machte, es zumindest in Deutschland jedoch nicht über Platz 10 der Single-Charts hinaus schaffte. Auch wenn diese Musik noch so verrückt, sinn- und inhaltslos war – wir fanden sie toll und hörten sie rund um die Uhr.

Auch das Kino hatte in dieser Zeit einiges zu bieten: Neben Filmen mit realen Schauspielern wie „Stirb Langsam", „Fluch der Karibik", „School of Rock" und

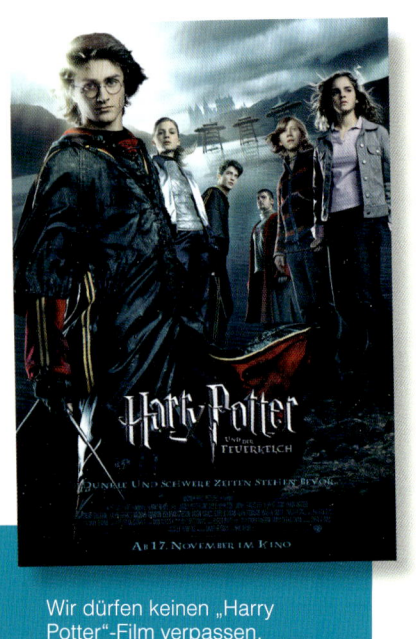

Wir dürfen keinen „Harry Potter"-Film verpassen.

natürlich „James Bond" gab es zusehends mehr Animationsfilme wie „Findet Nemo", „Shrek", „Ice Age" und „Monster-AG", die großen Erfolg hatten und von uns auf dem Schulhof detailliert besprochen wurden. Mit Harry Potter, Hermine Granger und Ron Weasley wurden wir Jahr für Jahr etwas älter. Stundenlang standen wir vor den Buchläden Schlange, um die neuen Bücher als Erste zu ergattern. Die Kinofilme verzauberten uns auch beim zehnten Anschauen immer wieder aufs Neue und wir waren untröstlich, als die Geschichte irgendwann zu Ende ging. Denn ein kleines bisschen hatten wir ja doch immer gehofft, dass man auch als Muggel irgendwie einen Weg nach Hogwarts finden würde.

Traumtänzer und ein Sommermärchen

Breakdance und Jumpstyle – das waren die großen Tanzstile der 93er und wir bewunderten jeden, der einen dieser Tänze vollführen konnte. Besonders „Breakdance" nötigte uns großen Respekt ab, denn es sah einfach phänomenal aus, wenn Leute sich in großer Geschwindigkeit auf dem Boden drehten und dabei Überschläge, Kopf- und Handstände vollführten. „Jumpstyle" hingegen sah für den Unwissenden eher wie ein unkoordiniertes Hin- und Herspringen als wie eine geübte Choreografie aus. Als wir dann selbst einmal zu „jumpstylen" versuchten, stellte sich heraus, dass es doch nicht so einfach war, wie es aussah, und viel Übung benötigte.

Als frischgebackene Teenager tanzten wir nicht nur viel, wir durften nun auch endlich alleine und ohne die Aufsicht unserer Eltern ins Schwimmbad gehen. War das Wetter nicht so gut, trafen wir uns oft zu Hause mit unseren Freunden oder den Nachbarskindern. Bei den Jungs stand nach wie vor Fußball hoch im Kurs. Montags diskutierten wir in der Schule die Bundesliga-Ergebnisse vom Wochenende und berieten, welche Mannschaft es denn schaffen könnte, den FC Bayern zu schlagen und selbst Meister zu werden.

Natürlich war auch die Fußball-Weltmeisterschaft 2006 ein großes Ereignis für uns: Die Welt war „zu Gast bei Freunden" in Deutschland. Während die Spieler der National-teams in Köln, München, Berlin und vielen anderen Städten um den Sieg kämpften, feierten wir ein vier Wochen langes Fest, ein Sommer-märchen. Geschminkt in Schwarz-

Fußballparty in Schwarz-Rot-Gold.

Rot-Gold und ausgerüstet mit der neuesten Fan-Kollektion an Schals, Mützen, Fahnen, Tröten und Trikots trafen wir uns zu jedem Spiel mit vielen anderen Menschen aus der Stadt oder dem Ort zum „Public Viewing". Hatte die deut-sche Mannschaft wieder ein Spiel gewonnen, so gingen wir anschließend zum großen Autokorso und feierten dort weiter. Da wir selbst noch nicht Auto fahren durften, musste das Fahrrad herhalten. Egal wo und egal wie wir feierten – die Fußball-WM im eigenen Land war für uns alle ein großes und außergewöhnli-ches Volksfest, das uns noch lange in Erinnerung bleiben sollte.

Röhre und tiefer Ausschnitt

Auch unser Modebewusstsein wurde mit der Zeit deutlich ausge-prägter. Statt Sandalen trugen wir jetzt nur noch Turnschuhe, statt Schlabberhosen waren Röhrenjeans angesagt. Auf unseren T-Shirts waren große Aufdrucke zu lesen und aus den runden Kinderbrillen von früher wurden eckige Hornbrillen mit breitem Bügel.

Wir wollten uns auch optisch so stark wie möglich von unseren Eltern distanzieren. Hatten sie das Hemd oder T-Shirt noch in die Hose gesteckt, so ließen wir es locker darüber fallen und anstelle von bis zum Hals geschlossenen Rollkragenpullovern trugen die

Die Röhre ist bei uns wieder angesagt.

Mädchen von nun an weit ausgeschnit-tene Tops, die tiefe Einblicke erlaubten. Das Thema „Was zeige ich? Was sieht man? Wie groß ist der Ausschnitt?"

11. bis 14. Lebensjahr

wurde viel diskutiert und auch die Jungs hatten dabei etwas mitzureden: Besonders Boxershorts wurden immer sichtbarer und unsere Hosen hingen so tief, dass wir sie schon fast mit dem Gürtel in der Kniekehle festschnallen mussten.

Besonders für die Mädchen gab es außerdem noch ein anderes Thema, mit dem sie sich noch weiter von ihren Eltern distanzieren konnten: Piercings. Ob an den Ohren, im Bauchnabel, an der Lippe, an der Nase oder an den Augenbrauen – viele von uns schmückten sich nach vielen nicht enden wollenden Diskussionen mit den Eltern mit Metall in Form von kleinen Ringen oder Steckern.

> Wir näherten uns langsam und schüchtern einander an.

Love

Die Unterschiede zwischen Jungen und Mädchen wurden mit der Zeit immer deutlicher:
Viele Jungen waren chaotisch und albern, während die meisten Mädchen vergleichsweise eher lieb und ordentlich waren. Auch in Bezug auf Liebe und Sexualität zeigten sie eine deutlichere Reife als die Jungen, für die vieles vor allen Dingen Spaß war. Der Kontakt untereinander war also recht schwierig, da das jeweils andere Geschlecht immer „doof" und jedes Gespräch uns fast ein bisschen peinlich war. Erst ab der siebten oder achten Klasse wurde es wieder normaler, miteinander zu reden oder in der Schule eine Gruppenarbeit gemeinsam mit Jungen und Mädchen durchzuführen.

Bei einigen entwickelten sich sogar richtige Freundschaften zwischen Mädchen und Jungen, die wir damals „große Liebe" nannten. Hatten wir jedoch Händchen gehalten oder den ersten Kuss gewagt, so trauten wir uns aus Angst vor dem Spott der anderen oft nicht, unsere Beziehung öffentlich zu machen, geschweige denn in der Schule miteinander zu sprechen. Die anderen bekamen unsere heimlichen Liebschaften trotzdem fast immer heraus und wir sorgten so für reichlich Gesprächsstoff innerhalb der Klasse. Auch die Frage nach Ex-Freundinnen oder Ex-Freunden wurde immer wieder aufgewärmt, sodass uns das Thema „Liebe" eigentlich nie losließ und noch lange Zeit beschäftigte.

Medien oder Basteln

Unser erstes Handy bekamen wir meist mit elf, zwölf oder 13 Jahren. Dazu gab es statt eines Vertrags erst einmal eine Prepaid-Karte, damit unsere Eltern sehen konnten, wie wir mit dem Handy umgingen und wie hoch die Kosten waren. Bevor wir jedoch zum Telefonieren oder SMS-Schreiben kamen, musste erst einmal die Ausstattung unseres Handys stimmen: Wir kopierten uns Bilder, Musik und Videos von Freunden aufs Handy und gehörten damit auch endlich zur elitären Gruppe derjenigen, die sich gegenseitig Bilder auf dem Handy zeigen konnten.

Hatten wir gerade Langeweile, so spielten wir Spiele wie zum Beispiel den absoluten Klassiker „Snake". Nach einiger Zeit der Übung gelang es uns immer besser, die Schlange zum nächsten Futterstück zu lenken, ohne direkt an eine der Wände zu stoßen oder in die Schlange selbst hineinzubeißen.

Neben dem Handy bekam auch das Internet einen immer höheren Stellenwert. Statt eines langsamen ISDN-Anschlusses bekamen wir bald DSL und statt einer nutzungsabhängigen Abrechnung bezahlten unsere Eltern eine Flatrate, sodass wir ohne versteckte Kosten ungehemmt surfen konnten. Wir bewegten uns zunehmend in sozialen Netzwerken wie „wer-kennt-wen", „SchülerCC" oder „SchülerVZ", später dann auch Facebook. Besonders beliebt waren auch Chatprogramme wie „MSN" und „ICQ", mit denen wir uns unendliche Nachrichten hin und her schickten und gemeinsam Spiele spielten. Der Kontakt mit Freunden oder Klassenkameraden funktionierte also nicht mehr nur im realen Leben, sondern zunehmend auch virtuell.

Zu unserer Freizeitgestaltung gehörte jedoch nicht nur das Treffen mit Freunden oder die Benutzung des Computers oder Internets – auch alleine und ohne technische Hilfsmittel konnten wir uns beschäftigen. Ein Beispiel dafür sind „Scoubidou-Bänder", bei denen wir aus dünnen Plastikschnüren Gegenstände wie Schlüsselanhänger oder Kugelschreiber knüpften.

Mit Vollgas in die Volljährigkeit

Aufdruck auf dem Abschluss-T-Shirt nach der 10. Klasse.

Ausbildung oder Schule

Je älter wir wurden, desto weiter trennten sich unsere Wege: Die einen quälten sich weiterhin mit der Schule und arbeiteten auf das Abitur hin – je nach Bundesland nach zwölf oder 13 Jahren –, andere machten eine Ausbildung. Schon in der achten oder neunten Klasse hatten die Lehrer angefangen, uns verschiedene Berufe vorzustellen und mit uns über die spätere Berufswahl zu sprechen. Spätestens in der neunten Klasse folgte dann ein Informationstag oder Besuch im Berufsinformationszentrum oder Arbeitsamt. Dort konnten wir individuelle Gespräche mit einem Berufsberater in Anspruch nehmen, bei denen dieser versuchte, den passenden Karriereweg für uns zu finden.

Chronik

1. Januar 2007
In Deutschland wird die Mehrwertsteuer
von 16 auf 19 Prozent angehoben.

18. Januar 2007
Kyrill, der schwerste Orkan seit 1999, fegt
über große Teile Europas hinweg. 34 Menschen lassen dabei ihr Leben, es entsteht
ein Sachschaden von mindestens acht
Milliarden Euro allein in Deutschland.

4. Februar 2007
Deutschland gewinnt im eigenen Land die
Handballweltmeisterschaft der Herren.

8.–24. August 2008
Zum ersten Mal finden die Olympischen
Sommerspiele in China statt. Kritik kommt
von internationalen Beobachtern, die den
niedrigen Standard an Menschenrechten in
dem Land anprangern.

4. November 2008
Barack Obama wird als erster Schwarzer
zum Präsidenten der Vereinigten Staaten
gewählt.

11. März 2009
An der Albertville-Realschule in Winnenden
ereignet sich ein Amoklauf, in dessen
Verlauf 15 Menschen getötet und elf
verletzt werden. Der 17-jährige Täter
erschießt sich schließlich selbst.

27. September 2009
Angela Merkel wird bei der Bundestagswahl
als Kanzlerin im Amt bestätigt. Sie regiert in
einer Koalition aus CDU/CSU und FDP.

15. April 2010
Nach einem Ausbruch des Vulkans
Eyjafjallajökull auf Island muss aufgrund
einer Aschewolke ein Großteil des
Luftraums über Europa gesperrt werden.

21. April 2010
Im Golf von Mexiko explodiert die Bohrinsel
„Deepwater Horizon". Dabei kommen elf
Menschen ums Leben. Die Bohrinsel sinkt
und verursacht dadurch eine schwere
Ölpest. Erst nach knapp drei Monaten kann
der Ölausfluss gestoppt werden.

11. März 2011
Nach einem Erdbeben kommt es im
japanischen Fukushima durch einen
Tsunami zu einem folgenschweren
Reaktorunglück.

Und wie geht's jetzt weiter?

Für die Haupt- und Realschüler in der
neunten Klasse, für die Gymnasiasten
meist erst später, folgte ein Praktikum,
bei dem wir die Möglichkeit bekamen,
unterschiedliche Berufe kennenzulernen und dabei völlig neue Interessen
und Möglichkeiten zu entdecken.

Gut ein Jahr später stand schon der
Schulabschluss auf dem Programm,
der für die Haupt- und Realschüler
unter uns einen großen Einschnitt
bedeutete: Die Sicherheit der Schule
war auf einmal weg und wir mussten
unsere eigenen Wege finden. Hatten
wir einen Ausbildungsvertrag in der
Tasche, so konnten wir uns glücklich
schätzen, denn einige von uns gingen
bei der Vergabe der begehrten Lehr-
stellen leer aus und wussten nicht so
recht, wie es weitergehen sollte.
Andere hatten nach dem Ende der
zehnten Klasse jedoch immer noch so
viel „Lust auf Schule", dass sie direkt
mit der Oberstufe weitermachten. Für

uns alle war es ein sehr komisches Gefühl von Freiheit, nun nicht mehr in die Schule gehen zu müssen, sondern die Wahl zu haben zwischen Schulbank oder Ausbildung. Immer häufiger wurden wir nun – nicht nur von den Lehrern in der Schule, sondern auch in der Öffentlichkeit – gesiezt und fühlten uns dabei schon ziemlich erwachsen. Manchmal sogar erwachsener, als wir eigentlich waren.

Die Wirtschaftskrise

Die weltweite Wirtschafts- und Finanzkrise begann im Frühsommer 2007 mit einer Immobilienkrise in den USA. Durch unverhältnismäßige Preissteigerungen und damit verbundene Spekulationen hatte sich dort eine „Immobilienblase" entwickelt. Immobilien wurden in den USA so teuer, dass normale Bürger die Preise dafür kaum noch bezahlen konnten. Daher nahmen sie Kredite mit sehr niedrigen Zinsen auf und finanzierten so ihre Häuser. Da nun die Preise für Immobilien wieder zu fallen begannen, gleichzeitig jedoch höhere Zinsen verlangt wurden, konnten viele Kreditnehmer ihre Kredite nicht mehr bedienen, die Spekulanten verloren ihr Geld und die Immobilienblase platzte.

Weltweit mussten viele Unternehmen der Finanzbranche daraufhin Insolvenz anmelden und konnten teilweise nur durch eine Übernahme des Staates gerettet werden. Die Wirtschaft schrumpfte deshalb in vielen Ländern, unter anderem in Deutschland, Frankreich und den USA. Auch Schwellenländer wie China oder Russland hatten unter den Folgen der Krise zu leiden.

Mit der Clique auf Tour

Neben unseren Vorlieben und Gesprächsthemen veränderte sich in dieser Zeit bei vielen von uns auch der Freundeskreis immer stärker: Manche vormals engen Kontakte wurden sporadischer und bisherige Bekannte entwickelten sich zu richtigen Freunden.

Wir wurden selbstständiger und auch unsere Mobilität verbesserte sich immer mehr. Die größere Selbstständigkeit brachte gleichzeitig aber auch mehr Verantwortung mit sich: Statt zu fragen, ob wir uns verabreden dürften, sagten

wir unseren Eltern bestenfalls noch
Bescheid, wenn wir weggingen. Da wir
Entscheidungen, besonders in Bezug auf
Schule oder Ausbildung, nun aber zuneh-
mend alleine fällten, waren wir selbst für
unsere Fehler verantwortlich.

Mit zunehmendem Alter durften wir
abends auch länger wegbleiben und
mussten nicht mehr um Viertel nach acht
im Bett liegen. Stattdessen waren wir
freitags und samstags mit unseren Freunden und Bekannten auf Achse, besuchten
die Clubs und Diskotheken unseres
Vertrauens und sprangen bis tief in die

Auch wenn wir schon Alkohol
trinken dürfen ...

Nacht auf Tanzflächen herum. Wenn das Wetter es zuließ, genossen wir
entspannte Grillabende im Garten, die oft bis weit nach Mitternacht dauerten
und nicht selten mit starken Kopfschmerzen endeten. Das Thema Party war für
uns sehr wichtig und so sprachen wir oft darüber. Wir ließen beharrlich große
Geldsummen an Bars und in Getränkeläden, testeten unsere Grenzen aus und
übertrieben es so manches Mal. Nach einiger Zeit fanden wir jedoch ein mehr
oder weniger gesundes Mittelmaß für unseren Alkoholkonsum.

Um richtig tanzen zu lernen, besuchten einige von uns die Tanzschule. Dort
lernten wir Tänze wie „Hip Hop" oder „Street Dance", aber auch Standardtänze
wie „Jive", „Discofox" oder „Cha-Cha-Cha". Ein- bis zweimal pro Woche trafen
wir uns nun, um in die Kunst des Tanzens eingeführt zu werden. Nach anfäng-
lichen Schwierigkeiten klappte es mit der Zeit immer besser, wir wurden
sicherer und trauten uns mehr zu. Den Abschluss des Tanzkurses bildete ein
großer Ball, bei dem unser Können auf die Probe gestellt wurde und wir die
Koordinationsfähigkeit unserer Beine unter Beweis stellen konnten. Ganz
nebenbei gingen wir auf diese Weise außerdem auf Tuchfühlung mit dem
anderen Geschlecht.

Waren wir samstagabends nicht bei Partys unterwegs, so war für uns „Chillen"
angesagt, ein großes Schlagwort dieser Zeit. Wir gingen entweder ins Kino
oder veranstalteten entspannte DVD-Abende. Filme wie „Madagascar",
„Keinohrhasen", „Simpsons" oder „Avatar" standen auf dem Programm und
boten uns erstmals auch die ersten Erlebnisse in 3D. Actionfilme wie „Stirb
Langsam 4.0", „Fast and Furious" oder „Hancock" gehörten natürlich auch mit
zum DVD-Inventar und wurden beim DVD-Abend eingelegt.

Einen riesigen Hype gab es um die Vampir-Saga „Twilight": Wer diesen Film im Kino sehen wollte, der musste wohl oder übel mit überfüllten und stickigen Kinosälen klarkommen, denn fast jeder wollte den Streifen mit Robert Pattinson und der hübschen Kristen Stewart selbst erleben, möglichst als Erster.

Obwohl wir noch nicht 18 Jahre alt waren, schauten wir oft schon Filme mit dem „FSK 18"-Aufkleber. Der störte uns jedoch nicht weiter, denn die Horror-filme, die diesen Aufdruck trugen, konnten auch wir vertragen. Wir fühlten uns so noch erwachsener, als wir ohnehin schon waren, und einige von uns freuten sich förmlich auf jede folgende Szene mit möglichst viel Gemetzel. Und auch etwas mehr nackte Haut machte uns nicht viel aus.

Unsere erste große Liebe

Mit der Zeit entwickelten sich auch die ersten richtigen Beziehungen. Wir waren zum ersten Mal richtig verliebt, zum ersten Mal ernsthaft interessiert an jemandem – es war aufregend, aber auch wahnsinnig kompliziert. Mit einem Mal hatten wir keinen Hunger mehr, die Flugzeuge in unserem Bauch flogen Loopings und wir konnten an nichts anderes mehr denken als an sie oder ihn. Wir erlebten bisher nicht gekannte Glücksgefühle und Gefühlsschwankungen, konnten fast anfangen zu weinen, während wir kurz zuvor noch auf Wolke sieben geschwebt hatten. Wir schickten Briefe, E-Mails oder SMS hin und her, chatteten oder telefonierten miteinander, lernten uns gegenseitig immer besser kennen und so entwickelte sich langsam, aber sicher, eine Beziehung zwischen uns.

Auch wenn aus unserer ersten großen Liebe mit den großen Plänen und den großen Zielen in vielen Fällen nichts wurde – für uns war sie enorm wichtig und brachte uns weiter, sowohl im Verhältnis zu dem oder der anderen als auch im Verhältnis zu uns selbst.

Michael Jackson bei einem seiner legendären Auftritte in den 90ern.

Der „King of Pop"

Am 25. Juni 2009 löste die Nachricht vom Tod des Popstars Michael Jackson weltweit Trauer und Bestürzung aus. Im Alter von 50 Jahren starb er an einer Vergiftung durch das Narkosemittel „Propofol". Zuvor waren dem an Schlaflosigkeit leidenden Künstler weitere Narkosemittel verabreicht worden, um die dieser ausdrücklich gebeten hatte. Der Gerichtsmediziner von Los Angeles bezeichnete den Tod Jacksons als „Tötungsdelikt", weshalb sein Privatarzt Conrad Murray Anfang 2010 wegen „fahrlässiger Tötung" angeklagt wurde.

Infolge seines Todes fand am 7. Juli 2009 eine offizielle Trauerfeier statt, die von zahlreichen Fernsehsendern in die ganze Welt übertragen wurde. Allein in Deutschland wurde sie von rund 20 Millionen Menschen live mitverfolgt.

Zu Lebzeiten Jacksons verkauften sich weltweit mehr als 750 Millionen Tonträger seiner Musik. Laut Guinnessbuch der Rekorde war er deshalb der erfolgreichste Entertainer aller Zeiten.

Innenspiegel, Außenspiegel, Schulterblick

Neben der Liebe zu einer Person entdeckten wir auch die Liebe zu motorisierten Fahrzeugen. Nachdem viele von uns schon Erfahrungen mit dem Mofa oder dem Roller gemacht und tagelang daran herumgeschraubt hatten, stand endlich auch der Autoführerschein auf dem Plan. Wir waren gespannt auf das, was uns erwarten würde, als wir zum ersten Mal zur Fahrschule gingen. Diese Spannung schlug in Aufregung um, als wir die erste praktische Fahrstunde nehmen durften und selbst am Steuer saßen. Wir würgten den Motor zuerst zwar noch sehr oft ab, nach einigen Stunden gelang uns das Fahren jedoch immer besser und wir sammelten Erfahrungen im Umgang mit dem Wagen und dem Verkehr. Nachdem wir die lästigen Theoriestunden hinter uns gebracht hatten, bereiteten wir uns auf die Prüfung vor. Auf Papier oder CD kreuzten wir uns immer wieder durch die Fragen, bis wir irgendwann beschlossen, reif für die Prüfung zu sein. Auch wenn es bei dem einen oder anderen von uns mehrere Anläufe benötigte – am Ende schafften wir doch alle die Theorieprüfung und konnten uns von nun an voll auf die Praxisstunden konzentrieren. War auch diese Hürde genommen, begann für viele von uns das „Begleitete Fahren mit 17". Um möglichst viel Fahrpraxis sammeln zu können, kutschierten wir von nun an bei jeder sich uns bietenden Gelegenheit unsere Eltern durch die Gegend und fuhren so oft mit dem Auto wie irgend möglich. Als wir bei unserem achtzehnten Geburtstag dann endlich alleine fahren durften, fühlten wir uns wie die Könige der Straße und genossen die neu gewonnene Freiheit.

Unsere neue Liebe.

In Haiti bebt die Erde

Am 12. Januar 2010 erschütterte ein schweres Erdbeben der Stärke 7,0 auf der Richterskala den Inselstaat Haiti. Das Epizentrum des Bebens lag etwa 25 Kilometer südwestlich der Hauptstadt Port-au-Prince.

Gemessen an den Opferzahlen war es das schwerste Beben Nord- und Südamerikas. Schätzungen der Vereinten Nationen zufolge verloren etwa 250 000 bis 300 000 Menschen dabei ihr Leben, etwa 300 000 weitere wurden verletzt und rund 1,2 Millionen obdachlos.

Weitere Folgen waren, dass aufgrund des katastrophalen Gesundheitssystems keine entsprechende Versorgung der Kranken und Verletzten stattfinden konnte. Außerdem brach die innere Sicherheit des Landes zusammen, sodass es vielerorts zu Gewalt und Plünderungen kam.

Unsere Musik

Fast so wichtig wie das Autofahren war für uns auch die Musik. Nachdem viele von uns begonnen und wieder aufgehört hatten, Musikinstrumente selbst zu spielen, verlegten die meisten von uns sich schließlich eher auf das Hören von Musik. Dabei gingen die persönlichen Vorlieben in völlig unterschiedliche Richtungen: Von elektronischer Musik über sanften Pop, Hip Hop und Heavy Metal war alles dabei.

Die einen so ...

Musik war für uns ein wichtiges Thema – deshalb sprachen wir auch viel darüber. Besondere Begeisterung entfachte bei vielen Lena Meyer-Landrut, der es gelang, „Unser Star für Oslo" zu werden und anschließend beim dort stattfindenden Eurovision Song Contest sogar den Titel nach Hause zu holen. Mit ihrer natürlichen Art und dem Song „Satellite" verzauberte „Lovely Lena" nicht nur viele von uns, sondern ganz Europa und so hieß es aus vielen Ländern: „Twelve points! – Germany."

Die Musik, die wir jeden Tag hörten, musste irgendwo herkommen, und da wir nicht von den Launen unseres Lieblingsradiosenders abhängig sein wollten, mussten wir sie uns wohl oder übel selbst beschaffen. Dabei war uns das Internet eine große Hilfe: Dort bekamen wir unsere Musik immer irgendwo her, kauften oder tauschten sie in Onlineportalen, kopierten sie von YouTube und gaben sie anschließend weiter, zum Beispiel über unser Handy, auf dem wir so viel Musik speicherten, wie die Speicherkarte gerade noch hergab.

Insgesamt bekam das Handy einen immer höheren Stellenwert: Wir hatten darin alle unsere Kontakte gespeichert, waren immer und überall erreichbar und schrieben uns mit SMS die Finger wund. Wer sogar ein iPhone besaß, der konnte sich neidischer Blicke absolut sicher sein, denn Funktionen wie „Facebook für iPhone" oder andere Applikationen sorgten für noch mehr Mobilität und wurden immer beliebter.

... die anderen so.

Modisch voll im Trend

Während man uns beim Wachsen fast täglich zusehen konnte und die meisten von uns ihre Eltern schon lange überragten, wuchsen auch unser Kleidungsstil und unser sonstiges Aussehen mit: Die Haare der Jungen wurden länger und die Mädchen begannen damit, sich zu schminken. Noch vor einigen Jahren war dies völlig verpönt gewesen oder hatte gar als „nuttig" gegolten, jetzt wurde es völlig normal und gehörte fest zum Programm der morgendlichen Schönheitsprozedur vor dem Spiegel. Diese wurde aber nicht nur von Mädchen, sondern auch von den Jungen vollzogen, die täglich ihre Barthaare zählten und ihre Pickel kontrollierten.

Modische Kreativität ist das A und O!

Wir liefen allen Trends hinterher, die meist von Prominenten oder älteren Freunden und Bekannten gesetzt und anschließend von uns übernommen wurden. So trugen wir statt einfachen, weiten Schlaghosen nur noch Röhren oder Jeans mit großen Aufdrucken. Der als „Bauarbeiterstyle" verschriene Trend machte uns zwischenzeitlich alle verrückt, denn es mussten plötzlich unbedingt verwaschene und zerschlissene Hosen mit Flicken, Karohemden und bemalte Pullover her.

Einen recht großen Teil ihrer Freizeit verbrachten deshalb besonders die Mädchen mit endlosen Shoppingtouren durch überfüllte Geschäfte und stickige Einkaufszentren. Die Jungen hingegen fanden das Einkaufen jedoch meist langweilig und hielten es deshalb so kurz wie möglich.

Um nicht nur durch Kleidung, sondern auch durch gesunde Körperformen überzeugen zu können, quälten viele von uns – sowohl Mädchen als auch Jungen – sich lange Zeit im Fitnessstudio und trieben viel Sport, um ihre Kondition zu verbessern. Diese war auch nötig, um zum Beispiel in Fußball-, Volleyball- und Handballspielen oder bei langen Fahrradtouren bestehen zu können. Neben diesen klassischen Sportarten war auch Kampfsport bei uns 93ern sehr beliebt. Viele machten Karate, Judo oder Taekwondo und nötigten den anderen damit viel Respekt ab.

Diejenigen von uns, die es lieber etwas entspannt angehen ließen und ihr Aussehen durch eine angenehme Körperbräune aufpeppen wollten, verbrachten an sonnigen Tagen ihre Zeit im Freibad oder am Baggersee, wo wir entweder auf der Liegewiese lagen oder auf dem Sprungturm standen und am Ende die wenigste Zeit wirklich im Wasser verbrachten.

Jede nach ihrem Geschmack.

Die letzte Loveparade

Am 24. Juli 2010 ereignete sich während der 19. Loveparade in Duisburg ein tragisches Unglück: Es kam zu einem Gedränge unter den Besuchern, in dem 21 Menschen ums Leben kamen und über 500 Menschen verletzt wurden.

Auf dem Weg zum eigentlichen Veranstaltungsgelände und wieder zurück mussten alle Besucher eine große Rampe passieren, die zwischen zwei Tunneln lag. Dort standen sich Menschenmengen eingekeilt gegenüber, wodurch eine Massenpanik entstand. Bereits wenige Tage nach dem Unglück

begann eine große öffentliche Diskussion darüber, wer für die Tragödie die Verantwortung trägt. Veranstalter, Einsatzleitung der Polizei, Behörden und Politiker schoben sich gegenseitig die Schuld zu. Um die genaue Abfolge der Ereignisse aufzuklären, hat die Staatsanwaltschaft Duisburg ein Ermittlungsverfahren eingeleitet, das zehn Jahre später ohne Urteil eingestellt wurde.

Die Ära der ausgelassenen, schrillen Loveparades hat mit diesem Desaster ein unglückliches Ende gefunden.

Wir genossen es, mit Freunden auf Reisen zu sein.

Auf großer Reise

Bereits in den letzten Jahren hatten wir erste Erfahrungen damit gemacht, alleine zu verreisen. Dabei waren wir meist mit Vereinen oder anderen Gruppen unterwegs gewesen. Doch nun kam die Zeit, in der wir zum ersten Mal ohne größere Gruppe in den Urlaub fahren durften: Gemeinsam mit Freundinnen oder Freunden, Cousins, Cousinen, jedoch hauptsächlich ohne unsere Eltern, machten wir uns auf. Einerseits erfüllte es uns mit großem Stolz, nun endlich ohne ständige Kontrolle weg sein zu dürfen, andererseits mussten wir für alles selbst sorgen, bekamen das Frühstück nicht mehr gemacht und waren gezwungen, uns selbst um den Abwasch zu kümmern. Wir entschieden alleine über unser Tagesprogramm und die Zeiten, zu denen wir ins Bett gingen.

Einige von uns zog es nicht nur für ein paar Tage oder Wochen weg von zu Hause, sie machten aus dem Urlaub direkt mehrere Monate oder ein ganzes Jahr. Meist in der zehnten oder elften Klasse wurden sie dafür von der Schule befreit und lebten dann in Ländern wie Amerika, Kanada oder Neuseeland – Hauptsache möglichst weit weg. Diese Auslandsaufenthalte hatten immer das Ziel, die fremde Sprache – meist Englisch – zu perfektionieren und eine neue Kultur kennenzulernen.

Endlich erwachsen!

Es war so weit: Wir wurden endlich 18, endlich volljährig, endlich frei. 1993 und 2011 – für uns die beiden wohl wichtigsten Jahre in unserem bisherigen Leben. Kindheit und Jugend hatten wir mit dem Schritt in die Volljährigkeit hinter uns gelassen, ab sofort waren wir „junge Erwachsene". Wir fuhren alleine Auto, hatten politisches Mitspracherecht und waren ohne schlechtes Gewissen auch nach Mitternacht unterwegs.

Und los geht's!

Viel ist seitdem passiert, die Welt hat sich verändert. Und wir gleich mit. Wir haben gelernt, mit Erfolgen umzugehen, genau wie mit Rückschlägen. Wir haben Ausbildungen gemacht, studiert, gearbeitet. Wir haben Beziehungen geführt, uns getrennt und neu verliebt. Wir haben Nächte durchgetanzt, gefeiert, gelacht und geweint. Und auf einmal sind die Zwanziger vorbei, wir sind dreißig. Auf unsere Kindheit und Jugend schauen wir nun mit mehr Distanz, reflektieren darüber oft anders als noch vor einigen Jahren. Noch immer wissen wir nicht, was die Zukunft bringen wird. Doch trotz aller Unsicherheit freuen wir uns auf die kommenden Jahre. Und auch heute gilt noch, was an dieser Stelle schon zu unserem achtzehnten Geburtstag stand: Die Zukunft steht uns offen. Machen wir was draus!